LE PÂTRE

L'ENFANT DE L'OLYMPE

Françoise Eva LENOIR

LE PÂTRE

l'enfant de l'Olympe

NOUVELLE EDITION

Image de couverture
Ioannis, petit berger de Grèce

Carte de Grèce
Johann Begel

Titre en grec : Ο ΠΟΙΜΕΝΑΣ, το παιδί του Ολύμπου

ISBN 978-2-9560602-2-2
Copyright © 2013 – Françoise Eva Lenoir

À Martin, petit garçon blessé qui, au travers de sa souffrance, m'enseigna le sourire et la force et qui, un jour, choisit d'éteindre le feu de ses yeux pour disparaître dans la nuit de la vie ;

Et à toi Vangelis, perle diaphane, à toi qui fais vivre en ton âme l'enfant que tu n'as jamais eu tout autant que le vieux sage, à toi le Grec qui engendre la douceur et le savoir, la paix et la foi, à toi l'homme qui sait rire et pleurer comme la terre d'humilité dont tu es né ;

À vous Vangelis et Martin,

À vous sans qui je ne serais rien,

À vos deux cœurs qui ont gravé le mien,

Je dédie ces pages.

☆

DU MÊME AUTEUR :

Ο ΠΟΙΜΕΝΑΣ, το παιδί του Ολύμπου (2013), εκδόσεις Βερέττα
LE PÂTRE, l'enfant de l'Olympe (2014), éditions Veretta
LE REBELLE, l'enfant de Constantinople (2017), éditions Amazon
CONTES DE LA GRÈCE MYSTÉRIEUSE (2017), éditions Amazon

Pérégrinations d'Astréos

9

I

LA DÉCISION

- Où vas-tu de si bonne heure, petit homme ?

Astréos ne répondit pas à la vieille femme en noir puisqu'en vérité, celle-ci connaissait le sort de chacun. Il suivait son destin qui l'entraînait tout naturellement vers l'inconnu, là où la mer se perd désespérément dans le crépuscule obscur et se noie au matin dans les rayons du soleil levant.

Les premières lueurs de l'aurore apparaissaient à peine quand, harassé, il s'arrêta : il jeta sa tunique à terre et, au pied d'un olivier, il s'endormit. Un grillon bourdonna sur ses lèvres, mais l'enfant ne bougea pas... Quand il s'éveilla, de lourds nuages s'étiraient à l'horizon.

« Je me suis trompé, pensa-t-il en souriant, je croyais que la peine de la terre était cet esprit malin captif en mon foyer et pourtant, je la retrouve déjà dans le voile mélancolique du ciel. »

Il se leva d'un bond et courut vers une vigne sauvage qui offrait au passant ses grappes rebondies. Il se délecta des fruits noirs qu'auparavant il n'aurait jamais appréciés. Une clochette résonna au loin ; un paysan et son âne approchaient. Astréos choisit de les attendre mais il changea d'avis : les mots de son précepteur avaient déjà engendré d'innombrables secrets au fond de son esprit et d'audacieux sentiments dans son cœur immaculé.

« L'homme est imprévisible et absurde, décida-t-il. Je ne veux plus rencontrer personne. Pourquoi irais-je vers cet étranger ? Ai-je envie de l'entendre, ai-je besoin d'aide ou de conseils, suis-je donc si petit ? »

Il s'élança vers la direction opposée, à l'est. Les éclats de soleil avaient eu raison de l'orage qui menaçait tandis qu'Astréos contemplait la nature. Pour la première fois, l'enfant pensa à son père. Le vieil Héliodore craignait le départ de son fils. La veille, guidé par un pressentiment, le tendre patriarche avait posé sa vieille main sur l'épaule de l'enfant en murmurant :

- Mon petit, dois-tu partir déjà ? Tu ne comptes guère plus de quelques années d'existence, n'est-ce pas ? Souffres-tu donc tant que tu ne puisses attendre ?

L'enfant n'avait pas objecté, il avait observé les larmes qui soulignaient le visage creusé par les rides du vieil homme. Lui aussi avait eu le cœur serré.

- Père, je ne peux plus rester. Je ne veux plus rester, je dois comprendre. Es-tu celui qui pourrait me dire ?

- Non, mon fils, le labeur des champs ne m'a enseigné que l'amour de la terre, la douleur et le courage mais jamais les mots. Alors va mon enfant, vis, trouve et apprends et que Zeus et Hermès protègent enfin ta route. Sans toi et ton regard, je vieillirai sûrement bien vite. Te reverrai-je seulement ?

Astréos se baissa et ramassa un rameau de térébinthe qu'il porta à sa bouche. Le bois avait l'âpre goût de la pluie et de la terre sèche. Il cracha et le jeta derrière lui.

« L'amer doit rester derrière moi, pensa-t-il. Il est temps pour moi de savoir. »

Il aperçut enfin les vagues qui se déchiraient sur les gigantesques rochers inébranlables et se sentit indiciblement attiré par leurs reflets nacrés. Il éclata de rire :

- Ah, voilà peut-être les flots qui ont englouti ce pauvre Egée. Me laisserai-je, comme lui, emporter par des fonds si perfides ?

Il s'assit sur une pierre blanche et attristé de sa propre insolence, il cacha son visage dans ses mains et réfléchit.

- Mer, je te provoque sans connaître les raisons qui m'y incitent, j'ignore pourquoi je me comporte ainsi et j'implore les dieux de me pardonner.

Il avait tout quitté pour comprendre et la moindre de ses réactions le ramenait à sa quête du savoir. Il secoua les épaules et avança sans pouvoir deviner où ses jambes le mèneraient. Son pas, pourtant, aurait été plus sûr si l'une de ses sandales ne s'était rompue : la semelle de liège n'avait pu résister à la rocaille des sentiers que l'enfant avait parcourus. A nouveau, il s'arrêta et tenta de la recoudre avec une tige de bruyère qui se brisa aussitôt.

- Qui veut m'empêcher de poursuivre mon chemin, interrogea-t-il en désignant les nues, je ne veux pas m'en retourner !

D'un coup sec, il projeta la sandale cassée à la mer qui coula à pic, puis il lança la seconde dépourvue d'une quelconque utilité. Pieds nus, l'enfant continua à longer la grève. Il n'ôta pas sa tunique de lin blanc qui tombait sur ses chevilles quand enfin, il plongea. Il avait repéré un banc d'hippocampes et voulait les attraper même s'il savait déjà qu'ils ne se laisseraient pas approcher. Il les suivit des yeux un instant et se décida à repartir.

Adhérant à ses jambes, la chemise lui donnait l'aspect d'une sculpture de marbre ; néanmoins le sel marin le démangeait terriblement. D'un geste prompt, il se déshabilla et l'accrocha sur un buisson épineux. Astréos considéra ses jambes, son ventre et ses bras : son corps mutilé n'était plus rien qu'une vaste plaie, parfois mal refermée. Pourtant, il était beau. De grosses boucles brunes tombaient sur son front haut et bombé et dissimulaient avec peine une longue balafre, mais ses grands yeux noirs exprimaient déjà l'immensité de la recherche qui l'attendait.

La nuit avait envahi les côtes de la Béotie. Astréos creusa une couche dans les galets polis et exténué, s'y étendit. Un vent glacé cinglait au travers des rares buissons de genêts, nés sur la plage par le hasard des graines tournoyantes de la nature sauvage. L'enfant ne percevait plus le froid automnal qui engourdissait ses pauvres membres, ni les algues qui collaient à sa peau et presque nu, il s'endormit.

Soudain, un gouffre béant s'ouvrit dans le sol, à ses pieds. Incapable de s'accrocher à une quelconque aspérité, il se sentit avalé par les dédales obscurs de la cavité. Prisonnier, comme aspiré par une immense bourrasque, il éprouva une douleur sourde qui parcourait son corps. Son hurlement résonna longtemps, longtemps en vain, mais seul le grondement des vagues s'en fit l'écho.

- Père, Père, aide-moi, Père !

L'enfant était seul. Désespérément seul. Sa poitrine avait dû heurter une roche dure car sa respiration devenait pénible. Il aurait renoncé à se débattre s'il n'avait discerné, au fond du trou géant qui semblait l'absorber, un faisceau de lumière presque tamisé. Il avait l'impression que lentement, il s'en approchait. La lueur se fit plus précise. Comme face à un astre blanc, Astréos aveuglé cligna des yeux. La détresse le fit crier une fois encore :

- Non, je ne veux pas, j'ai peur Père !

- Calme-toi, petit homme. Je ne suis pas ton père, je suis Alkinoos, le pêcheur. Je viens d'Achaïe. Qui es-tu, toi, esseulé et si jeune dans cet endroit perdu ?

- Je suis Astréos, fils d'Héliodore et je viens de loin, répondit-il en s'épongeant le front. Est-ce toi qui m'as rattrapé dans ma chute ?

- Ta chute ? Mais de quoi parles-tu ? Tu rêvais, n'est-ce pas ?

- Peut-être, pourtant, je me rappelle cet abîme !

Perplexe, le pêcheur fit quelques pas.

- Cet abîme ? Je ne sais ce que tu dis, je ne te comprends pas. Serais-tu fébrile ?

Astréos soupira. Il connaissait cette terrible vision mais en aucun cas, il ne l'aurait décrite à un étranger. Alkinoos lui prit doucement la main :

- Tu es transi, il te faut rentrer. Retourne donc chez toi, petit !

L'enfant tremblait de tout son corps. Alkinoos déposa sa cape de laine sur les épaules chétives du gamin et pour l'apprivoiser, il lança :

- Attrape ce poulpe dans ma barque, ma terre est loin et cette malheureuse créature ne gardera plus sa fraîcheur. Voudrais-tu le partager avec moi ?

Sans aucune répulsion, Astréos le saisit par un tentacule et se jeta aux pieds du pêcheur :

- Que les Dieux de l'Olympe t'en soient reconnaissants, l'ami. Je t'en remercie car en vérité j'avais grand faim. Et toi, as-tu quitté ton foyer depuis longtemps ?

- Je suis parti il y a moins d'une lune. Et toi, Astréos ?

- Hier, j'ai quitté mon père, mais mon âme a abandonné mon foyer il y a de longues années déjà. Ce n'est d'ailleurs peut-être pas si grave puisque j'ai eu la chance de te rencontrer. Tu vois, je cherchais à me rassasier et pour finir, tu as apaisé ma faim et consolé mon âme. L'amitié peut, certes, se dissimuler dans un morceau de pain ou sous le toit que l'on recherche pour survivre mais elle ne doit jamais être le remède unique au désir de compréhension qui nous ronge dès que l'on perd sa sérénité face à l'adversité du quotidien. La réponse à nos doutes ne se trouve pas sur les lèvres d'un ami mais ailleurs, en nous, dans les tréfonds de notre âme.

- Astréos, que signifie tout cela, qu'est-ce que l'amitié alors ?

- C'est plutôt une perpétuelle entraide fraternelle, une félicité réciproque, le partage du bonheur même s'il est éphémère et je soupçonne d'ailleurs que les mots ne l'embellissent pas particulièrement puisque c'est un sentiment qui, dès lors, vit dans deux cœurs à la fois. Es-tu de mon avis ?

Alkinoos le dévisagea, fronça les sourcils, mais n'intervint pas. Lentement, il déchiqueta le poulpe et le partagea tout en considérant l'enfant qui admirait le ciel. La déchirure violacée de son front se dessinait, plus visible que jamais. Le pêcheur resta muet quand le jeune garçon reprit :

- Ma route sera longue et sinueuse, elle suivra la trace des étoiles. Je dois partir maintenant. Veux-tu m'accompagner ?

Le vieil homme ferma les yeux et ne répliqua point puisque ses cinq enfants l'attendaient par-delà l'horizon. Il se leva tristement et d'un geste incertain, il caressa la coque de sa vieille barque écaillée puis souffla :

- Petit Astréos... Qui es-tu, toi ? Tu sembles fort et tu parles comme un homme, mais il te faut me dire la raison pour laquelle je te devine si amer et vulnérable.

L'enfant ne répondit pas.

- Mon ami, je sais que tu ne me confieras pas ta peine puisque tu dis que l'amitié n'a pas besoin de mots. De plus, je dois partir. Je voudrais pourtant que tu saches que lorsque je serai loin, ton absence fera naître en moi une telle puissance de sentiments que finalement, ton image, encore plus forte et impressionnante, balayera véritablement la distance. Ta présence imaginaire, toujours à mes côtés, m'aidera à affronter tout ce que je ne puis mesurer encore et à mieux te découvrir, tout comme je comprends mieux la mer quand je la contemple de loin ou le temps en estimant les nuages qui s'amoncellent là-bas, au sommet de la montagne. Dorénavant, ton regard me sera indispensable, me réconfortera et me protègera de la malchance et de toutes les tempêtes que je défierai.

Le visage de l'enfant s'inonda de larmes alors que sa petite main serrait celle du pêcheur qui tremblait. Jusqu'à l'aube, ils restèrent immobiles, dans les bras l'un de l'autre. Chacun savait désormais que toute conversation était futile. Enfin, Astréos se résigna à affronter le premier son destin. Il embrassa avec passion les mains de l'ami et balbutia :
- Je ne t'oublierai pas, Alkinoos !
Mais déjà, il s'éloignait.

De longues heures s'étaient égrenées tandis que le soleil affilait son dard encore puissant. Alkinoos n'avait pas fait un geste et simplement, il baissa les yeux. Jamais l'image de ce petit être à la croisée de son chemin ne le quitterait. Lentement, il monta dans sa barque et, pour la dernière fois, il se retourna. Un oiseau à la huppe rousse s'était posé sur la grève et sifflotait, alors que les pleurs du golfe estompaient les derniers mots qu'inlassablement le pêcheur répétait :
- Astréos, fils des étoiles, cadeau des dieux... La foi te garde, vagabond !

★

II

LA SOLITUDE

Astréos était déjà loin. Longtemps, il avait longé la plage mais tenaillé par la faim, il s'était résolu à rejoindre les collines. Ses pieds, déchirés par les arêtes acérées des obstacles fréquents de son destin marquaient, çà et là, le sentier muletier d'une fine empreinte de sang. Pour les panser, il s'arrêta à l'ombre d'un amandier. Les écales desséchées avaient libéré les coques jaunâtres qui jonchaient le sol. L'arbre distribuait ses fruits à tous les voyageurs qui erraient en ce lieu inhospitalier. Astréos les ramassa par poignées et les fit éclater entre deux pierres plates. Puis, à nouveau il palpa ses orteils endoloris, tailladés par de minuscules épines. Il tenta de les extraire une à une mais il y renonça : la boue des chemins s'était mêlée au sang et formait une croûte coriace. Avec ses dents, il arracha un large morceau d'étoffe de sa tunique qu'il divisa en deux et enveloppa délicatement ses pieds du tissu qu'il fixa à l'aide de trois tiges de plantain tressées.

« Me voilà prêt » pensa-t-il. « J'ai de souples cothurnes[1] et l'estomac plein ! »

Il s'étira nonchalamment et se redressa. La bise subtile d'Eole gonflait la cape de laine qu'il avait jetée sur son épaule gauche comme la dernière voile d'espoir d'un navire en perdition. Il devait cet habit au pauvre Alkinoos : le vieux pêcheur l'avait nourri et il l'avait réchauffé.

« Je sais qu'il me porte dans son cœur » se dit-il, « et puisque la

---

1.- Chaussures maintenues par des lacets entrecroisés sur la jambe.

solitude me paraît bien pire lorsque l'on est deux, si je commençais par être l'ami de moi-même, je ne me sentirais plus jamais seul. Mon corps pourrait sans doute endurer la colère des enfers mais mon cœur devrait aussi apprendre à ne plus souffrir de l'isolement. Les dieux veillent sur les hommes en animant notre monde de la mélopée de leur silence et je crois donc que la terre m'offrira l'essentiel si je sais prêter l'oreille. Ainsi, bercé par ce chant harmonieux, ne serai-je jamais seul sinon à l'instant où je partirai vers l'infini pour les retrouver. »

Il courut sur un terre-plein d'où il pouvait apercevoir la mer. Au lointain, quelques misérables esquifs se fondaient dans l'immensité de la brume du large.

- Adieu Alkinoos, sois heureux !

Le regard de l'enfant s'était perdu. Lui qui craignait tant les rencontres et parlait aisément de la solitude, il était déjà réconcilié avec les hommes. Il lui semblait même qu'il avait toujours connu le pêcheur. Pourtant, le vieillard était parti rejoindre ses proches, ceux qui l'attendaient en Achaïe. Tristement, Astréos détourna les yeux pour abandonner son regard dans l'insondable. A ses pieds, un petit morceau de bronze orné sur l'avers d'une grossière esquisse divine brillait de tout son éclat. Il était percé maladroitement en son centre et évoquait la forme d'une médaille rudimentaire. L'enfant se baissa pour le ramasser et malheureux, il brailla de toutes ses forces :

- Merci de ce message, Alkinoos, tu m'envoies Hermès pour me protéger, adieu, l'ami, adieu !

Mais le pêcheur était déjà loin, laissant ainsi l'enfant imaginer à sa guise qu'il s'agissait d'un don plutôt que d'une trouvaille fortuite. Il porta le bronze à ses lèvres trempées de larmes, le baisa et le serra sur son cœur.

Le soleil déclinait. Le cercle rouge semblait se noyer bien loin dans l'éternité, par-delà le mont Parnasse. Astréos chercha alors un arbre pour se reposer. Les nuits d'automne étaient rudes et déposaient, au matin, une rosée glacée sur quiconque s'attardait dehors. Non loin d'un roncier, un pin noir étalait ses branches alourdies par les premières pommes. Astréos s'approcha de l'arbre protecteur et découvrit de nombreux buissons de mûres qui l'entouraient. Il posa sa précieuse médaille de bronze sur le sol tapissé d'épines, cueillit les baies brunes des deux mains et s'en goinfra jusqu'à ce que de larges moustaches brunes déformassent la finesse de sa bouche goulue. Enfin repu, il se coucha.

L'astre nocturne l'éclairait de son sourire blafard. Les étoiles dansaient au travers des feuillages tandis que le vent du Nord s'était levé. Grelottant, l'enfant se pelotonna dans son épaisse cape et songea :

« Qui sait où dois-je me rendre pour savoir, combien de sentes parcourir encore, de nuits glaciales supporter, de vrais amis abandonner ? Me serais-je trompé ? Suis-je donc si orgueilleux que je ne puisse demeurer davantage auprès de mon père ? »

Une terrible mélancolie l'enveloppa mais le laissa seul, face à lui-même, ombre fragile de la nuit. Il pensa soudain à ses sœurs : Avaient-elles trouvé la sécurité qu'elles recherchaient tant alors qu'elles demeuraient au gynécée avec leur mère tandis que le vieil Héliodore activait ses hommes aux vendanges et à la coupe du bois ? L'enfant se souvenait des mots du père :

- Fils, cette année Pyanepsion[1] sera un mois particulièrement rigoureux. Je crains pour mes quelques pieds de vigne car les pluies de l'automne s'annoncent torrentielles. Pour la première fois, tu quitteras le foyer et avec eux, tu travailleras aux champs. Il te sera utile d'apprendre les corvées et d'apprécier les offrandes de notre mère la terre !

Il s'était réjoui à l'idée de se rendre utile auprès du père dont le grand âge et le tourment ralentissaient le moindre de ses mouvements. Il savait combien il se rendrait indispensable à la taille et au transport des ceps. Pourtant, il avait fui.

Astréos se retourna plusieurs fois sur le sol. Les aiguilles du grand pin noir traversaient sa tunique et transperçaient la frêle peau de son dos. Il ne pouvait s'endormir. Une grosse larme coula le long

---

1.- Quatrième mois de l'année attique, correspondant à la deuxième moitié d'octobre et la première de novembre

de son nez et arrêta sa course sur le rebord de sa lèvre. Envahi par la souffrance, le remord et l'insomnie, l'enfant s'interrogea :

« Suis-je donc si faible que je ne sache résister à l'épreuve ? Ai-je donc besoin d'un toit de paille et d'argile pour préserver mon sommeil, d'un père pour me rassurer ? Si peu de jours me séparent de mon départ, et me voilà déjà rongé par le doute. Il me faudrait comprendre pourquoi je ressens sans cesse cette incertitude ! »

D'un geste las, il porta la main à son front : il était terrassé par la fatigue et envahi par la crainte du renoncement. Il tira la cape comme pour dissimuler ce corps malingre qui ne le rassurait pas et enfin, s'assoupit.

L'astre du jour était déjà haut quand une étrange sensation le réveilla. L'enfant tressauta : une langue râpeuse s'appliquait à lécher chaque pore de son visage encore salé par les larmes desséchées. Après un moment d'effarement, il s'exclama :

- Sois bénie la chèvre ! D'où viens-tu petite ? Je vois que toi aussi tu as dû fuir ton enclos, tu as cassé ta longe ! Tu vas rester avec moi ; tu me seras précieuse car je cherchais une amie.

La chèvre s'écarta pour arracher quelques feuilles au mûrier voisin. Astréos s'en approcha sur la pointe des pieds et la saisit par le licol. Les grands yeux verdâtres de l'animal le dévisagèrent.

- Beauté, sais-tu que lorsque j'étais petit, mon père me raconta l'amitié de Zeus et d'une chèvre. Moi, je vais t'aimer autant que je le pourrai et si tu le veux bien, tu seras ma compagne. Tu verras, je t'emmènerai loin, bien au-delà de ce que tu connais, tu seras heureuse !

L'enfant avait retrouvé sa joie de vivre. De ses petits bras, il entoura démonstrativement le cou de sa nouvelle compagne puis il déposa un long baiser entre ses deux cornes recourbées.

Le soleil avait soudainement été enseveli par les lourds nuages des ténèbres et un éclair fendit le ciel. La foudre n'était pas tombée loin. Une pluie diluvienne s'abattit d'un seul coup. Astréos courut vers l'animal apeuré qui cherchait à s'enfuir :

- Reste avec moi, petite ! Fuyons de sous cet arbre, viens avec moi sous la cape et surtout, ne bouge plus !

La bête, dissimulée sous l'étoffe, poussa un bêlement plaintif.

- Tais-toi, le dieu du tonnerre est en colère parce que nous avons trahi les nôtres. Attends, dors un peu !

L'animal s'étendit sur le flanc et ferma les yeux. L'enfant en profita pour soulever un angle de la cabane improvisée. Une pluie drue et lourde rebondissait et dessinait de larges cercles sur le sol mais le maître de la foudre avait donné sa grâce au pin en s'éloignant vers l'amont. Astréos sortit de sa cachette, ôta sa tunique et en sautillant, il l'accrocha à une branche. Les gouttes ruisselaient le long de son corps souillé par la poussière et la sueur. Ses cheveux, d'ordinaire bouclés, tombaient sur ses épaules comme de folles herbes enchevêtrées.

- Crains-tu l'orage ? lança Astréos au monceau inerte que formaient la chèvre et la cape, tu me sembles bien peureuse, viens, maintenant !

L'enfant caressa le ventre roux du ruminant qui tremblait de tout son poil long et humide. Il perçut alors un léger arrondi de la panse animale et un gonflement exagéré de la mamelle.

- Pardonne-moi, jolie, je te raillais alors que bientôt, tu me donneras un nouvel ami !

Astréos se pencha pour ramasser la pièce de bronze et d'un ton presque paternel, il affirma :

- Dorénavant, je veillerai sur toi consciencieusement et si tu le veux bien, je t'appellerai « Zoé »[1] !

1.- Du grec ancien Ζωή : « Vie ».

III

L'ABNÉGATION

Zoé tirait fortement sur sa corde. Astréos ne voulait pas la perdre et la retenait difficilement à travers les hauteurs parsemées de chardons. L'attrait d'un arbuste encore vert ou d'une chicorée sauvage poussait la bête à la divagation et entraînait l'enfant dans les détours inattendus des sentiers escarpés.

- Voilà neuf jours que tu me mènes au gré de tes convoitises de verdure et autres friandises. Dorénavant tu suivras le nord, intima le jeune voyageur.

Imperturbable, sa compagne broutait encore quelques pissenlits quand il reprit ses réprimandes :

- Petite, je sais que tu as raison de prendre des forces car je crains que la route ne soit encore longue. J'ignore où nous devons nous rendre mais je sais qu'il nous faut y aller. Ne voudrais-tu pas, quand même, te dépêcher ?

La chèvre reprit sa course et obliqua vers l'adret. La pente était raide et l'escalade de rochers abrupts contraignait l'enfant à de fréquentes escales pour réparer la semelle de toile de ses chausses. Néanmoins, il suivait les virevoltes de son amie avec humour, passion et attachement.

- Zoé, où me guides-tu ? Crois-tu que je serai capable de t'escorter encore longtemps si tes sabots te mènent vers ces sommets ingrats ? Viens, approche-toi, il faut que je te parle !

Il tira sur la sangle et glissa dans l'oreille de l'animal :

- Je vais te dire un secret. Viens, écoute-moi Zoé ! Je ne suis qu'au début de mon existence mais tu sais, la vie ne m'a pas épargné : j'ai été malheureux et j'ai longtemps souffert alors, un jour, j'ai décidé de partir et de remettre mon sort entre les mains du destin. J'ai erré solitaire le long des sentiers impraticables et parsemés d'embuches des monts et des collines et j'ai atteint la mer que j'ai quittée aussi. Mon chemin m'a donné un ami éphémère et ma bonne étoile m'a confié une bête fidèle. Je te suivrai Zoé, car si tu ne sais où tu vas, notre périple est pourtant gravé dans la course céleste.

La solitude, interrompue seulement par la rencontre avec le pêcheur, emprisonnait le cœur d'Astréos. Celui-ci qui, déjà, avait dû limiter le flux de ses paroles tout au long de son enfance afin d'éviter les châtiments corporels était de nouveau confronté, depuis son départ, à la plus stricte expression de ses pensées. Il s'en expliqua :

- Je suis confus de te parler autant mais comprends-moi, j'ai besoin d'alléger mon âme, de m'apaiser afin que l'on puisse continuer la route qui nous mènera à la délivrance. Comme moi, tu as choisi la liberté bien que j'ignore encore à quel obstacle il nous faudra nous mesurer, à quelle barrière il nous faudra faire front. Pour être libres, nous devrons marcher longtemps sur les sentiers épineux, traverser les éboulis et les terres hostiles et progresser continuellement outre le doute, le renoncement, la fatigue du corps et le martyre de l'âme. Je prie les dieux et les déesses mais surtout Athéna de nous apporter sagesse, force et patience. Et toi, Zoé, que ta bonté me permette de te suivre et t'aide à accepter la corde qui te retient à moi. Elle ne témoigne pas de ta soumission mais est un symbole qui nous unit à jamais. Sois donc bienveillante, car c'est pour notre salut et maintenant, va te repaître des branches de ce figuier qui te tend généreusement ses fruits sirupeux.

Astréos s'approcha de l'arbre et, à son tronc, il attacha la chèvre. Les figues, trop mûres, s'étaient fendues avec la dernière tempête et nombre d'entre elles, presque pourries, étaient tombées au sol. L'enfant en dévora quelques-unes ; leur jus sucré s'écoulait du bord de ses lèvres et teintait sa tunique d'auréoles de pourpre. D'une branche rampante, il arracha une large feuille rugueuse et, par jeu, s'en fit une coiffe. Sans qu'il s'en aperçût, une couleuvre à collier lui effleura la jambe et se réfugia dans les racines découvertes du figuier. D'un geste déterminé, Astréos ramassa un bâton noué et se redressa :

- En route, Zoé, il nous faut trouver un abri pour la nuit qui s'annonce fraîche. Viens, lève-toi !

A nouveau, les nuages porteurs de pluie avaient envahi le ciel. Au loin, l'orage grondait. L'animal, effrayé, tirait sur sa longe et contraignait l'enfant à accélérer le pas. Zoé se dirigeait délibérément vers les hauts reliefs. Astréos lui cria :

- Je te suis, petite ! Sans toi, je me serais sans doute perdu ! Je ne sais le message que tu veux me transmettre, ne connais le lieu où tu te diriges mais avec toi, je tâcherai de m'y rendre. Va, Zoé !

La forêt s'était obscurcie. Les sapins et les hêtres avaient étouffé les âpres pentes qui dominaient la plaine. Un marcassin égaré traversa le maquis et, sans s'en soucier, renversa l'enfant qui lâcha la médaille de bronze qu'il serrait encore dans sa main. Elle roula sous un monceau de pierres.

- Dois-je retourner chacune d'elles pour retrouver ma médaille ou abandonner ici le souvenir de mon ami ? soupira-t-il. M'a-t-il fait perdre mon trésor afin que j'oublie maintenant qu'il est reparti chez les siens ? Dois-je donc vaincre la solitude de mon avenir, surmonter les inquiétudes et la peur ? Quel est ce message, Hermès, comment pourrai-je voyager sans ton aide indispensable ?

Il s'approcha de la chèvre et s'inclina en murmurant :

- En aurai-je seulement la force ?

Zoé s'étendit à ses pieds. Accablé, le jeune voyageur sanglotait doucement. Son enfance le marquait d'une plaie tragique qui suintait et l'affligeait à l'heure de ses égarements, chaque fois qu'il trébuchait sur les arêtes du « falloir » et du « vouloir » qui bataillaient sur la voie de son destin. Il sombra alors dans la perplexité de ses interrogations et acquit la conviction que sa recherche resterait sans réponse. Il s'agenouilla près de la chèvre et posa sa tête sur l'estomac de l'animal.

- Tu as rompu tes liens pour courir à travers les montagnes et enfin libre et confiante, tu es venue à moi. A mon tour, je t'ai retenue et je t'ai attachée. J'ai cru que je pouvais devenir ton maître et t'asservir à mes décisions ! Demain, je te libèrerai, Zoé !

L'animal hochait la tête de gauche à droite, laissant supposer à l'enfant qu'elle le comprenait.

- Oui biquette, oser dire que je veux te garder pour te rendre heureuse serait bien présomptueux de ma part, tu n'as en rien besoin de moi dans ta vie. S'il me venait d'ailleurs à ressentir un jour que cet acte fut un sacrifice puisqu'il me fallait veiller sur toi, qu'aurais-tu à attendre de moi ? Je me souviens d'un orgueilleux qui, par égoïsme, se montrait généreux avec tous les malandrins, les mendiants et les charlatans de la rue quand bien même ils ne lui demandaient son aide. Ces aimables donateurs ne cherchent-ils donc pas plutôt à se satisfaire eux-mêmes en prétendant qu'ils font plaisir aux autres, ne deviennent-ils pas alors les pires profiteurs de la personne humaine, de sa dignité et de son bonheur ? Je serais bien ingrat si je t'obligeais à vivre comme j'ai décidé de le faire et de plus, le dévouement illusoire auquel je te contraindrais te conduirait irrémédiablement au malheur de la dépendance. Je chercherais, en vérité, à me contenter moi-même en m'occupant de toi, à éviter cette solitude qui m'attire autant qu'elle me fait peur pour trouver un peu de reconnaissance.

Il s'allongea contre la bête et l'enlaça. Ses pieds lui faisaient mal, sa tête était lourde, son cœur frappait dans sa poitrine au rythme de l'angoisse et de la nervosité qui le tyrannisaient. Il songeait à Alkinoos chaque jour et chaque nuit, il rêvait à son père dont la présence, finalement, lui manquait tragiquement. Il revoyait le pêcheur qui ne possédait rien mais lui avait tout donné quand d'autres avant lui avaient tout, mais attendaient par leurs offrandes, la légitimation de leur bonté. Ceux-là craignaient tant la misère qu'ils ne soupçonnaient pas que cette peur était elle-même pauvreté.

Son cheminement à lui voulait peut-être donc qu'il se séparât de ceux qu'il avait aimés sans l'espoir véritable de les retrouver un jour. Ne parvenant pas à se calmer, il reprit son monologue et murmura encore :

- Petite, il m'est alors impossible de t'entraver puisque je t'aime. Pardonne la vanité dont je fais preuve, j'ai tellement besoin d'un être à qui parler, d'une oreille qui m'écoute et m'approuve, d'un regard qui rassure mon âme qu'à présent, j'en arrive même à importuner une chèvre. Voilà ce qu'est l'égoïsme aveugle : imposer sa volonté à celui qui n'en a cure mais est bien trop vertueux pour s'éloigner ou bien le dire. Toi, tu ne seras jamais un remède au vide de ma vie et même si j'en souffre une fois encore, tu iras toi aussi retrouver le bonheur que tu mérites et qui habite tes vertes montagnes bien-aimées. Je te rends ta liberté sans que tu ne la réclames parce que je te comprends et que je me souviens ce que me disait le ciel alors que déjà, je voulais m'enfuir : « Astréos, sois patient et tout ce que tu partages te sera rendu. N'oublie jamais que la source nous fait grâce de son eau et le vent offre son souffle pour nous donner la vie car garder, c'est mourir. Comprends-tu mon enfant, le seul don véritable est le don de soi. »

Tandis que la chèvre dormait, Astréos poursuivit :

- Alors, loin, là-bas, tu gambaderas selon ta volonté et plutôt que d'entendre ma complainte, tu feras mieux d'écouter le vent car le vent, lui seul, sait.

A la tombée de la nuit, le Parnasse resserra son étreinte sauvage sur les confins phocidiens tandis que le brouillard léger enveloppait les cimes. Comme une lamentation nostalgique et terrifiante, les hurlements éloignés d'une meute de loups résonnaient dans le soir. Astréos referma sa main autour de la patte de la chèvre et se laissa gagner par la rêverie amère qui, d'ordinaire, le plongeait dans un sommeil salutaire, propice à la délivrance de son esprit tourmenté.

IV

L'AMITIÉ

Zoé avait disparu avec le vent des crêtes. A peine éveillé, l'enfant prit conscience de l'absence de son amie et se mit à sangloter, même s'il avait lui-même concédé la veille qu'il lui faudrait libérer l'animal.

- Me voilà à nouveau seul et il fait si froid ! murmura-t-il. Pourquoi Zoé m'a-t-elle quitté si tôt ? Je voulais certes la relâcher mais pas ainsi. Son absence est déjà plus cruelle que l'immensité des terres impitoyables que traversera ma route.

Au loin, sur la mer, la brume matinale semblait se confronter aux rayons d'Hélios et recouvrait le golfe de Corinthe de sa monotonie. La chèvre avait dû s'échapper sur les pentes de l'Hélicon.

« Peut-être rencontrera-t-elle une muse près d'une source aux eaux profondes ou bien côtoiera-t-elle Pégase aux sabots de lumière », pensa Astréos.

L'enfant admit finalement qu'il s'agissait là d'un signe : Zoé l'avait certainement abandonné car les éboulis de la montagne lourde constituaient un danger pour ses jambes trop maigres. En s'échappant, elle l'incitait simplement à se rapprocher à nouveau de la côte. Puisque les Moires[1] l'avaient mise sur sa route, peut-être un jour, retrouverait-il sa chèvre.

Fort de cette interprétation qui l'encourageait et le réconfortait, Astréos obliqua alors et amorça sa descente. En vérité, rien ne

---

1.- Divinités du Destin implacable, assimilées aux Parques dans la mythologie romaine.

l'empêchait de longer la mer. S'il s'en était éloigné, c'était seulement parce qu'il craignait de croiser les hommes. Mais il réalisait à présent qu'en l'absence de Zoé, il lui serait impossible de survivre. La chèvre connaissait la montagne, pouvait le guider vers les cimes et le nourrir de son lait. Dorénavant, il lui fallait, hélas, trouver une autre solution afin d'assouvir ses besoins les plus élémentaires.

Il marcha des heures, des jours et des nuits. Quelques haltes scandaient son errance lors desquelles il reprenait son souffle et s'appliquait à masser ses petits pieds meurtris par la rocaille aiguë. Parfois, une bête sauvage croisait sa route et lui rappelait que l'univers était peuplé d'autres créatures que, dans sa solitude, il avait toutes oubliées. Astréos n'avait pas peur de la nature ; pourtant, l'idée qu'un imprévu l'obligerait à retourner en son foyer le tourmentait. Il ne l'envisagea jamais puisque c'était là-bas que vivait le plus terrible des monstres qui avait souillé irrémédiablement son âme et écorché son corps tout entier. En un éclair, l'image de sa mère traversa son esprit comme un morne tourbillon glauque. Il se la représentait devant lui : sa tête, noyée dans de longs cheveux bouclés qui tombaient sur ses épaules, lui donnait une beauté sauvage. Son visage était possédé par des yeux verts exorbités par le fiel de la haine et une bouche enragée que dévorait la bave. Ne ressemblait-elle pas à Echidna[1] ? A présent, Astréos discernait même son corps énorme de serpent maléfique recouvert d'écailles aux reflets lugubres.

Quelques gouttes de pluie tombèrent et l'enfant s'allongea un instant sur le sol, sans chercher à s'en protéger. Il ôta même sa tunique comme si l'eau du ciel pouvait le purifier d'un passé inexorable. Enfin, il reprit son chemin. Les nuages orageux se reflétaient

---

1.- Epouse de Typhon et mère de Cerbère, des vents malfaisants, de la laie de Crommyon, du renard de Teumesse, du Sphinx, de l'hydre de Lerne, de la Chimère, de Ladon, d'Orthos, du lion de Némée, du dragon de Colchide et de l'aigle du Caucase. Selon certains, elle fut tuée par Argos, le berger aux cent yeux, qui la trouva un jour endormie et débarrassa ainsi l'Arcadie de ce fléau.

dans le golfe qui s'étirait au lointain. On eût dit de larges visages en colère qui, grimaçant, menaçaient toute la contrée.

La cité approchait. Pressant le pas, il aperçut enfin un jeune homme vêtu d'une exomide[2] sale et trouée, drapée autour de son torse. Celle-ci laissait apparaître son épaule droite et était retenue par une misérable fibule[3] qui n'aurait pas empêché la tunique de tomber si une large ceinture n'avait resserré la taille de l'adolescent. A l'aide d'un long bâton, il entraînait quelques cochons et assenait des coups rudes et brutaux aux plus récalcitrants. Il interpela Astréos :

- D'où viens-tu garçon ?

Pensif, Astréos ne répondit pas. Le plus grand insista :

- Oh, comment t'appelles-tu, es-tu d'ici ? Tu pourrais me répondre !

- Oui, pardonne-moi. Je me nomme Astréos et j'habite plus loin que les montagnes que tu vois là-bas.

- Je comprends, renchérit le meneur de cochons. Ton père t'a vendu, c'est cela ? Pour qui travailles-tu ? Qui t'a acheté ? Moi, je m'appelle Iphiclès et mon maître va me battre si je ne me dépêche pas de ramener les bêtes à la bauge. L'orage les terrifie, elles vont s'échapper dès que la foudre tombera. Tu veux m'aider ? Viens petit, cours !

Astréos, incrédule, ne bougea pas. Il ne comprenait pas vraiment les mots que prononçait le gaillard et se contenta de hocher les épaules.

- Non, Iphiclès, je ne viendrai pas avec toi, je ne veux pas être acheté.

Le pauvre bougre en lâcha sa baguette et se mit à gémir :

- Si tu es libre, reste-le, tu as raison. Je cherchais simplement un ami pour partager mon infortune. Tu sais petit, il y a des années que je travaille pour cet homme, il est impitoyable, autoritaire et intraitable, mais que faire ? C'est légitime puisque je viens d'Acarnanie.

2.- Tunique courte servant en général de tenue de travail, utilisée par les marins, les soldats, et les ouvriers (libres ou esclaves).

3.- Sorte d'épingle, généralement en métal, qui sert à fixer les extrémités d'un vêtement.

- Astréos, je m'appelle Astréos fit l'enfant. Pourquoi est-ce légitime ?

Iphiclès fronça les sourcils et soupira :

- Tu sais Astréos, mon maître dit que dans mon pays, nous sommes des barbares, des brigands ou des pirates. Je ne vaux rien et suis inutile puisque je ne sais que diriger les cochons, travailler au champ, ramasser les olives et ouvrir les portes à ce maître grossier et à tous les siens.

- Je comprends, répondit l'enfant. Mon père aussi avait des domestiques mais il était bon avec ses hommes et leur permettait même de partager nos repas.

- Le mien n'est pas ainsi parce que je ne suis pas un domestique. Je suis un esclave, Astréos, ce n'est pas la même chose. Sans aucun doute, je lui dois aussi reconnaissance pour la soupe de lentilles qu'il me donne, si c'est cela que tu insinues.

Il tendit un gland à Astréos qu'il avait gardé précieusement dans les replis de sa tunique :

- Mange, petit, tu sembles tellement fatigué. Je dois m'en retourner maintenant, sinon je serai battu pour avoir tardé.

Pourtant, il ne bougea pas immédiatement. Perplexe, assis à même le sol, il dessinait nerveusement de petites lignes dans la boue, de la pointe de son bâton. Soudain, sortant de sa léthargie, il brailla :

- Par Ouranos, mes cochons se sont enfuis !

Le jeune détala à toutes jambes comme si le malheur de son avenir se jouait à cet instant.

Pétrifié, incapable du moindre mouvement, Astréos le regarda s'éloigner.

L'orage, sans remords, lançait ses éclairs sur toute la côte, écartelait le ciel et avait éparpillé les bêtes d'Iphiclès. L'enfant se cacha entre deux rochers et regarda la mer. Rien n'était épargné. Le bleu devenait gris, la mer engloutissait les ténèbres à l'infini et criait son désespoir. Les nuages pleuraient, les flots se fracassaient sur un rivage sans vie, la nature toute entière semblait à son tour asservie aux humeurs divines. Fallait-il donc aussi lutter contre les éléments pour trouver une quelconque explication à l'acharnement de la mélancolie ?

Astréos en était certain : rien ni personne ne pourrait répondre aux énigmes qui ponctuaient sans relâche l'intrigue de sa vie. Il sortit de sa cachette et décida de reprendre sa route. Il marcha en longeant la côte balayée par un vent farouche. Les vagues venaient expirer sur les rochers dans un violent fracas et projetaient quelques morceaux de bois flotté sur la grève désolée.

« Cet endroit ne ressemble pas au lieu où je suis né, songea l'enfant. Ici tout me paraît hostile et même la nature me demande de rentrer. Est-ce donc si mal d'avoir laissé une mère qui m'a renié et a voulu me briser ? »

Un cri strident le fit tressauter.

- Astréos, j'ai décidé d'abandonner cochons et maître. Je pars avec toi.

L'enfant ne dissimulait pas sa joie. Ce pays froid et violent venait de lui donner la plus inattendue des offrandes et désormais, il pourrait compter sur un frère de bon conseil pour partager ses pérégrinations. Quelque chose, néanmoins, obscurcissait encore son regard :

- Iphiclès, es-tu sûr de ta décision ? Je crois que déserter de chez ton maître est grave.

- Je sais, répondit l'adolescent. Mais je crois que toi seul, petit, pourras m'apprendre tout ce que je n'ai pas su comprendre encore.

Astréos, qui venait juste de penser le contraire, éclata de rire. Il le prit par la main et sous une pluie battante, ils marchèrent dans la direction de la cité.

De longues heures passèrent, nombre de terres défilèrent avant qu'Iphiclès ne marquât une pause pour reprendre son souffle :

- Tu crois qu'il va me tuer s'il me retrouve ?

- Est-il si méchant ?

- Il est bien plus terrible que les ours hargneux et pourtant, je lui dois entière soumission et servitude. Il m'a acheté à mon père contre les quelques têtes de bétail dont il avait besoin. Il est dur, tu sais, cruel et sévère et ne fait rien si je peux le faire. Regarde mes mains cisaillées et ensanglantées, vois mes jambes bleuies par les coups...

- Il te frappe souvent, pauvre Iphiclès, tu es si malheureux, comment peux-tu endurer de telles épreuves ?

- Mon maître ne connaît que deux mots : travail et discipline mais il a raison puisque je ne vaux guère plus qu'un animal. Si je sue aux champs sans parler ni me plaindre, il me récompense parfois en ne me battant pas. Mais s'il lit la colère dans mon regard…

- Que te fait-il ? soupira le plus jeune.

- Il peut me flageller et décider aussitôt que l'octroi de nourriture, de tunique ou de repos est superflu. Il a tous les droits sur moi. Astréos, tu ne peux imaginer combien j'aimerais rester avec toi, être libre et écouter les oiseaux dont le chant au point du jour célèbre l'amour de la vie, m'émerveiller avec toi en contemplant la voute céleste que le vent vivifiant balaie tous les soirs, marcher et agir sans la menace du fouet, ce serait un rêve. Me voudrais-tu à tes côtés ?

Astréos, perdu dans de sombres et complexes pensées quant au destin de chacun, chuchota seulement :

- Marche, grand frère et ne crains rien, seuls les dieux sont nos maîtres.

★

V

LA DÉFAITE

Une vingtaine de jours avait dû s'écouler avant que les deux amis n'entrevissent les premières couleurs du port de la cité. Même si leurs pieds étaient ensanglantés, leurs corps amaigris et leurs visages décharnés, ils demeuraient heureux et embellis par le bonheur d'être deux. Iphiclès, habitué aux travaux les plus ingrats, portait parfois Astréos sur le dos et lui épargnait ainsi les traîtresses pierrailles. En retour, à la tombée du soir, le plus jeune lui disait les quelques vers d'Homère que lui avait contés son père. Ils marquèrent un arrêt pour observer les allées et venues d'une multitude d'hommes qui travaillaient à la démolition d'un navire endommagé.

- J'aimerais tellement monter à bord pour le voir de près, fit Astréos.

- Tu es fou, c'est une trière, un bateau de guerre audacieux et redoutable, dit Iphiclès.

- Une trière ? Mon aïeul me parlait souvent des trières qu'il appelait « les maîtresses des mers, les indomptables. »

Astréos, laissant libre cours à son imagination effrénée et se représentant déjà les combats navals avec les bateaux légendaires en tête, en resta suffoqué. Il ajouta :

- Allons la voir, viens vite !

Apeuré par la foule qu'il distinguait de loin autour de l'embarcation, Iphiclès convainquit son ami de ne plus faire un pas et d'attendre la nuit. Il voyait son maître en chaque individu et parfois même, dans les ombres des arbres. Si ce n'était son propre asservisseur, cela pouvait être un de ses complices, un partisan de l'esclavage ou un de ses confrères qui le préviendrait de l'endroit où se trouvait le fuyard. S'il le retrouvait, il serait puni, peut être vendu, échangé encore. Ou il serait lynché pour l'outrage qu'il avait perpétré.

La journée fut longue. Outre le froid de novembre qui annonçait un hiver rigoureux, Iphiclès passait l'essentiel de son temps à se plaindre, à sangloter, à injurier le ciel et à se répandre dans d'interminables lamentations. Certes, son passé avait été rude et impitoyable, mais Astréos était bien trop jeune pour trouver les mots du réconfort. Il avait lui-même subi de sa mère les plus amers des supplices et n'avait pu pardonner. Comment pouvait-il encore charger son âme des affres terribles de son ami ? Pour se protéger, il avait, lui, appris à ne confier ni ses joies ni ses peines. Non pas qu'il eût perdu confiance en l'être humain, mais parce qu'il savait simplement que les douleurs de sa vie avaient une explication puisqu'elles étaient écrites sur le parchemin des dieux.

Les premières étoiles de la nuit profonde étincelaient sous le halo blanc de l'astre lunaire qui jouait sur l'écume des flots.
- Astréos, j'ai réfléchi, c'est une mauvaise idée de se rendre au port. Ce serait absurde et imprudent. La cité est pleine de scélérats et de criminels. Je suis fatigué, petit, nous marchons depuis long-temps et...
L'enfant l'interrompit :
- Comme tu veux, j'irai tout seul et plus tard, je reviendrai auprès de toi. Repose-toi alors car demain nous repartirons vers les montagnes.

La trière avait été rendue à la terre par l'une des dernières tempêtes et, blessée en son flanc dès sa sortie du port par l'éperonnage d'une galère ennemie, elle agonisait sur la grève.
Astréos en eut le souffle coupé. Comment ce fier navire aux trois rangées de rames, celui dont son père disait qu'il était le souverain effroyable des mers et l'intraitable oppresseur de tous ceux qui osaient l'affronter, pouvait-il se trouver là, telle l'ombre de sa

propre grandeur ? Une trière devait-elle mourir par une nuit d'automne, froide et impitoyable ?

L'enfant, désirant ardemment explorer ses entrailles, regarda à gauche, puis à droite et s'introduisit à bord, par le trou béant. Son vieux grand-père, qui travaillait le bois, ne lui avait-il pas expliqué, alors qu'il apprenait à peine à parler, tous les secrets du colosse de guerre ? L'eau qui s'était engouffrée à l'intérieur avait, dans sa rage, arraché la plupart des assises du côté de l'agression. A l'opposé, les courroies en cuir qui maintenaient les avirons au niveau des tolets étaient, pour la plupart, toujours en place. En haut, la grand-voile carrée, autrefois orgueilleuse, gisait déchirée, mêlée aux innombrables morceaux du mât qui avaient eux-mêmes percé le pont. Astréos poursuivit l'inspection de l'épave misérable et se dirigea vers la proue. Sur l'étrave, un rostre de bronze prolongeait la quille, tel un nez gigantesque prêt à infliger de forts dégâts aux adversaires et à défier les plus maléfiques des monstres marins. L'enfant contempla aussi les ophtalmoi de la guerrière, peints de chaque côté de la coque. Il se souvenait des mots de l'ancêtre :

- Sur les trières, les hommes peignent les yeux des taureaux qu'ils sacrifient à Poséidon. Ainsi, le souverain des mers aux cheveux bleus donne vie aux navires et leur permet de regarder la route devant eux. Astréos, c'est pourquoi, les marins doivent faire des offrandes et des prières aux dieux protecteurs tout au long de leur voyage. Sinon, tu sais, la vengeance divine sera si terrible, que la trière n'échappera pas aux tempêtes ni aux ennemis qui afflueront de bâbord ou de tribord, et sera détruite. N'oublie jamais, petit homme, de remercier nos dieux.

Astréos resta longtemps assis sur un l'éperon conique, regardant tristement les yeux de la trière qui s'étaient éteints. Son âme avait sûrement déjà quitté le gréement de bois avec les hurlements des marins qui avaient péri alors et disparu dans le sable mouillé. Une dernière fois, l'enfant considéra la trière et s'écroula sur la grève à peine éclairée par la lune blafarde. L'emblème de son enfance, la flotte de guerre qui le faisait rêver, venait de s'anéantir dans une nuit glaciale.

Une voix s'éleva sans qu'il n'en perçût son origine et l'effraya :

- La victoire est passagère et mensongère, gamin, c'est dans l'enseignement de la défaite que tu apprendras la vie. Arrête de renifler maintenant, il y a d'autres bateaux au port. Veux-tu que je t'y emmène ? Tu verras des pentécontères[1], des grandes barques côtières à quille légère, rapides et non pontées et des navires de commerce entièrement cousus. Tu viens ?

- Des navires cousus ?

L'individu s'approcha. Il semblait connaître les embarcations à merveille et impressionnait déjà le jeune Astréos.

- Si je te le dis, petit, c'est qu'ils sont cousus. Je ne mens pas. Viens avec moi, je vais te les montrer !

Il empoigna l'enfant, le souleva de terre et le jeta sur l'une de ses épaules.

Astréos tourna encore la tête pour regarder la trière qui déjà s'effaçait dans les méandres inexorables de l'oubli. Le sable, témoin sans âme du désastre, dévorerait à coup sûr le grand navire et avec lui, les conquérants face à la fatalité. Quel autre choix avaient-ils eu que celui de consentir à ce sauvage linceul pour ultime grandeur ?

L'enfant versa une larme silencieuse. Pour lui, ce n'était pas là le destin naturel d'un coursier de tempêtes. Même s'il savait que ce n'était pas un déshonneur de mourir en se battant, il comprenait désormais qu'accepter la défaite eût été une bien plus grande victoire.

★

1.- Bateau de guerre à 50 rameurs auquel il faut ajouter un barreur et peut-être d'autres marins. Plus petit que la trière (navire équipé d'une voile dans lequel prenaient place 170 rameurs étagés sur trois rangs), il mesurait environ 35 mètres de long, pour 5 mètres de large. C'est à l'époque de la « Guerre de Troie » qu'apparaissent les premiers pentécontères soit aux environs de XIIe siècle av. J.-C.

VI

LA FANGE

Perché en équilibre, Astréos tenait le marin par les cheveux. L'homme était gigantesque et imitait un cheval boiteux, rythmant ses larges pas claudicants de hennissements sonores. Il continua son monologue que l'enfant, trop occupé à se cramponner, n'écoutait plus.

- Tu vois, comme je te le disais, nos frères assemblent les éléments de la coque des barques en les ligaturant et ainsi prêtes, elles partent à la pêche au corail. D'autres embarcations, plus grandes, sont fixées par tenons et mortaises sur leur squelette de bois et comme pour les plus petits bateaux, on coud l'ensemble des planches qui constituent l'extérieur de la coque pour assurer leur étanchéité. Reste à clouer, cheviller, calfater à l'aide d'étoupe, enduire le tout de poix et voilà notre bateau à la voile carrée prêt à affronter les caprices de l'Egée pour aller vendre les trésors de notre terre. Voudrais-tu, comme moi, devenir matelot ?

- Non, mon rêve s'est refermé avec les yeux de la trière, répondit-il laconiquement.

Sans pour autant ralentir sa course, le géant s'étouffa dans un rire gras :

- Tu devrais rejoindre les hommes de Solon[1], tu as les mots pour

---

1.- Né vers 640 av. J.-C. et mort vers 558 av. J.-C., Solon est un homme d'État, législateur et poète athénien. Souvent considéré comme ayant instauré la démocratie, il fait partie des Sept Sages de la Grèce.

le séduire. Il te trouverait certainement une place dans les rangs de son Aréopage.

Astréos semblait réfléchir sérieusement à la boutade de son compère. Mais finalement, il se ravisa :

- J'aimerais bien ressembler à Solon, c'est vrai. Trouverais-je seulement les mots pour m'adresser au peuple, pourrais-je, sans enseignement, devenir moi aussi poète et orateur ?

- Petit, les gens qui tiennent les rênes de la cité sont des individus partiaux, des archontes qui ne servent à rien. Depuis combien de temps attend-on ses réformes agraires ? Qu'il redistribue enfin les terres et que les thètes[1] aient enfin de quoi manger. Tu crois que savoir parler suffit, toi ?

- Mon père m'a donné un domestique qui me menait chez le maître instituteur. J'aimais beaucoup y aller parce qu'il m'enseignait la lecture sur papyrus et l'écriture sur des tablettes de cire. J'ai appris un peu les mathématiques et surtout la poésie.

L'enfant ajouta :

- Sais-tu mon ami ce que pense Solon tandis que tu le condamnes ? Qu'aucun mortel ne mérite d'être loué puisqu'aucun n'a compris que le plus grand des présents n'est pas la richesse.

- Certes, il lui est aisé de raconter ce qu'il veut, à toi aussi d'ailleurs, qui avais même un esclave !

- Non, pourquoi ? D'ordinaire, Solon a raison car il croit et proclame que le trop de richesses n'engendre que l'arrogance, la pire des souillures de l'être humain. Il dit aussi que l'homme qui vit pauvrement est, dans sa misère, plus heureux que celui qui obtient des gains illégalement puisque celui-ci sera inéluctablement châtié par les dieux. Solon ne volera pas son peuple car il hait la corruption, c'est mon précepteur qui le disait. Il m'a appris aussi que les hectémores[2] ont été affranchis des redevances de leurs terres puisqu'il réduit aussi les dettes, privées et publiques, de tous.

1.- Dans la Grèce antique, les thètes sont les citoyens les plus pauvres, contraints le plus souvent de louer leurs services à autrui moyennant salaire. Ils forment la plus grande part des colons dans le cadre de la colonisation grecque.

L'homme s'arrêta. D'un geste nerveux et violent, il se déchargea de l'enfant qui roula à ses pieds. Ponctuant sa phrase de quelques rots puissants, il s'écria :

- C'est bien, bonhomme, tu déclames aussi bien qu'un héros. On t'a appris à les imiter, n'est-ce pas ? Tel un âne, tu apprends tout par cœur et ne comprends même pas ce que tu racontes, comme tous les sales gosses des riches propriétaires. Si je t'asseyais à la rame d'une barque, serais-tu au moins capable de la diriger et d'attraper deux sardines ? J'en doute !

- Solon dit que l'homme doit contrôler son destin. Si tout va mal, il en est responsable. Pourquoi n'accuses-tu que les plus riches ?

- Parce qu'ils sont avides de pouvoir et qu'eux seuls accèdent aux hautes charges de la société. Tu comprends, toi, Monsieur l'archonte ? Tu verras que bientôt, les hommes se rebelleront parce qu'ils sont plus doués pour violer les lois que pour les déterminer. Les factions se forment déjà, celles de la plaine, les autres des côtes ou de la montagne. Je n'ai pas besoin de consulter les oracles, moi, pour t'annoncer la fin de Solon. Tu as raison de rêver, petit, jusqu'au jour où tu découvriras que les hommes s'agenouillent devant les dieux mais ils leur tournent le dos dès que l'occasion se présente, ils s'autodétruisent les uns les autres sans aucun respect pour la vie qu'ils ont reçue des cieux. Alors rends-toi au combat toi aussi et ensuite seulement tu pourras me parler des vertus de ceux qui nous gouvernent. Petit ignorant, comprends-tu que tu mourras avant même que l'Histoire de tes ancêtres ne commence à s'écrire ?

- Mais que dis-tu ? Je ne laisserai pas mes empreintes dans un chemin tracé par l'homme, fit l'enfant timidement. Je crois que la liberté, l'honneur et la volonté ne dépendent que de notre monde intérieur, jamais d'autrui ou de ceux qui nous gouvernent. On peut faire taire l'aède, couper les cordes de sa cithare, mais qui peut empêcher l'oiseau de chanter au matin ? Certes, si ton désir est

---

2.- Paysan de catégorie juridique particulière parmi les thètes dont les sources connues ne permettent pas, aujourd'hui, de connaître le réel statut dans le cadre de la société et de l'agriculture grecque de l'Antiquité. Toujours est-il que les hectémores étaient relativement dépendants, notamment en cas de crise agraire et ne gardaient pour leur compte que le sixième des récoltes des champs qu'ils cultivaient mais qui ne leur appartenaient pas.

d'éteindre la flamme qui brille dans les yeux de ton ennemi, frappe-le et aveugle-le, mais tu ne pourras jamais détourner la lumière du soleil levant. Marin, dis-moi la vérité, n'est-ce donc pas l'homme lui-même, désespérément orgueilleux, qui forge ses propres chaînes ou construit des cellules pour y jeter ses semblables et même son propre esprit ? En quoi Solon est-il responsable ?

Le marin saisit violemment la main d'Astréos et pesta vigoureusement :

- Allez viens, tu commences à me fatiguer ! Les tyrans et les criminels se croient intouchables, invincibles et immortels mais ils finissent toujours par être anéantis et punis par la main des braves qu'ils ont condamnés à crever la faim. Pour expier leurs fautes, je leur souhaite de côtoyer les démons pour l'éternité en la demeure d'Hadès ; quand on sème les graines de l'ortie, on ne récolte pas le blé. Dépêche-toi maintenant, je vais t'emmener voir les charmes de la cité !

A dire vrai, Astréos n'appréciait pas vraiment ce personnage qui, au-delà de son ignorance, faisait preuve selon lui d'une forte présomption et d'une capacité instinctive à la trivialité. Il ressentait le désir de lâcher cette main qui le contraignait à avancer à grande allure et de courir auprès d'Iphiclès, mais il n'osait pas braver le géant. L'agora, noire et fantomatique à cette heure tardive, se dessinait maintenant à une courte distance.

- Où m'entraînes-tu ? A cette heure, mon père me querellera s'il ne me trouve pas au foyer, mentit l'enfant.

- Petit nigaud, ton père veut évidemment que tu deviennes un homme, arrête les balivernes !

Il cracha par terre et essuya sa bouche du revers de la manche de son chiton de laine, déjà lourdement encrassé par sa vulgarité coutumière. Immédiatement, il se remit à hurler :

- Dépêche-toi, j'ai soif !

Les petites ruelles tortueuses, sans aucune lumière pour les éclairer, avaient été ravinées par les eaux torrentielles des dernières pluies. Quelques fragiles façades de bois avaient été défoncées ci et là par des voleurs sans scrupules qui n'avaient pas même pris la peine de forcer les portes. L'endroit sordide, dont l'odeur fétide se répandait et collait comme la lèpre à la peau, était envahi par la vermine et les insectes sournois qui couraient ou se cachaient dans la terre. Un rat pressé passa négligemment entre les pieds de l'enfant qui ne l'aperçut point. Suffocant par les miasmes nauséabonds et la course endiablée dans laquelle l'avait entraîné le marin, il toussait bruyamment.

- Tu m'emmènes chez toi ? J'aimerais me reposer, proposa le petit.

De nouveau, la colère s'empara du géant dont les chapitres d'une vie familiale obscure lui revenaient à l'esprit.

- Oublie ma femme et ses filles. Elle n'a même pas été capable de me donner des garçons pour que j'en envoie au moins un à la conquête d'un monde inconnu.

- Mais si ton fils n'avait pas voulu partir en exploration ou s'il était revenu, il aurait été lapidé. C'est ce qu'ils font tous avec les fils qui sont des traîtres et toi aussi, tu l'aurais sûrement fait ! Heureusement alors que Priape t'a donné des fi…

Astréos ne put terminer sa phrase. Le marin, hors de lui, vociférait. Sa femme, une harpie de vingt ans sa cadette était, en outre, une piètre cuisinière et il devait se contenter, chaque jour, d'une soupe de lentilles et d'une galette d'engrain avec quelques olives, ou d'oignons et de pain de froment aux jours de fête. Les grenades, les figues sèches ou les noisettes, sa mégère les cachait pour les fillettes. Il lui fallait la supporter aussi quand, après des nuits dehors errant au gré de ses humeurs salaces, il regagnait son foyer, épuisé et aveuglé par l'ivresse et entendait ses remontrances ou subissait ses assauts charnels. Il était toutefois hors de question qu'il lui offrît l'esclave qu'elle réclamait afin qu'elle l'aidât à l'entretien de cet endroit répugnant.

Le marin ouvrit une porte sombre. Un énorme cafard, saisissant l'aubaine inespérée de la liberté, en profita pour se faufiler hors du lieu misérable. Une grosse femme, dont la peau dégoulinait de graisse et de transpiration, fort bien équipée pour l'ouvrage et prête à l'emploi malgré son veuvage, semblait le connaître et avec audace, se présenta devant lui. Peinturlurée de blanc de céruse, les joues enduites de jus de mûre, elle l'étreignit et lui baisa fougueusement la joue.

- Tu viens t'encanailler encore ? Suis moi, marin, tu en auras pour ton argent, je te ferai tout ce que tu veux et comme tu le veux, comme d'habitude. Après, je m'occuperai du gamin.

Naïf et innocent, Astréos en resta médusé. Il aperçut soudain derrière elle, une rangée de femmes métèques et une poignée de jeunes garçons tous destinés à la débauche et à la volupté, qui guettaient le citoyen sous l'œil sans scrupule de leur berger. Ce dernier dévisagea l'enfant et lança :

- Tu es bien mignon toi, si ton père est d'accord, je vais t'acheter. J'ai grand besoin d'un beau garçon chez moi, je t'apprendrai la vie.

- Ce marin n'est pas mon père, personne ne m'achètera jamais.

Sans attendre la réaction du protecteur, Astréos traversa en courant le couloir obscur, tira la porte du malheur et s'enfuit dans les ruelles sinistres. Il courut à perdre haleine et ne marqua une halte que lorsqu'il fut assuré que personne ne pourrait le rattraper. Le monde de la cité était insensé, plus dangereux encore que les blocs qu'il avait vu dévaler des sommets du Parnasse. Ce n'était pas la mélancolie, ni le marasme ou la fatalité mais quelque chose de plus amer. C'était la désespérance, la tristesse et le mal. Il lui fallait s'en éloigner au plus vite pour regagner la pureté limpide et resplendissante de ses montagnes.

★

VII

LA TRAHISON

Astréos avait dû tomber d'épuisement au beau milieu d'un champ de vigne. Quand il ouvrit les yeux, il discerna au loin les contours de la cité. L'enfant était sûrement repassé non loin de la trière, pourtant cette fois-ci, il ne l'avait même pas regardée. Tout, en lui, était souillé, anéanti. Il avait tellement cru que sa mère était un être singulier qui avait le droit de régner en maître sur la sphère de l'ignominie et de la corruption ; comment pouvait-il découvrir maintenant seulement que d'autres mortels méritaient, eux aussi, le châtiment céleste ? Il comprenait tout : l'immoralité du marin avait irrité la colère des dieux qui avaient décidé de se venger. Ainsi, avaient-ils puni tous les marins du grand navire dont la coque, semblable au squelette d'un héros vaincu, était désormais abandonnée sur la plage, dans l'attente d'un long voyage sans retour. Seul les mouettes du grand large pourraient venir y nicher et donner une dernière raison d'être à son orgueil éphémère, avant que les flots implacables ne viennent l'enterrer à jamais, dans le sable indifférent.

Morose, il marcha encore quelque temps et enfin, repéra Iphiclès à quelques coudées de l'endroit où ils s'étaient séparés.

- Astréos, tu m'as manqué, en ton absence j'ai été dépouillé et roué par deux brigands de grand chemin !

- Détroussé, toi ? Mais tu n'avais rien !

- Ils m'ont volé la fibule de ma tunique et mes sandales. Je ne pourrai plus aller loin, Astréos.

L'enfant constata qu'effectivement, l'adolescent avait noué les deux extrémités de l'exomide pour éviter qu'elle ne tombât.

- Tu dois venir avec moi, Iphiclès, ici nos corps sont menacés et nos âmes courent un grand péril. On marchera lentement et je suis sûr qu'Artémis nous viendra en aide. Aie confiance, grand frère.

Les deux garçons se dirigeaient vers le nord. Peu vêtus et chaussés des morceaux de tissu qu'ils avaient à nouveau arrachés à leurs chitons, ils ne pouvaient se hasarder dans des raccourcis douteux pour traverser les sommets et suivaient donc le sentier sinueux qu'avaient tracé les ânes des paysans locaux. Le crépuscule de l'automne drapait toute la nature d'une mélancolie rosâtre et ravissait les enfants. La pensée qu'ils s'éloignaient de la mer suffisait à les rassurer et à les enchanter. Le père d'Astréos ne lui avait-il pas appris que la belle étendue bleue pouvait être source de perversion, de dépravation et d'avilissement et qu'il lui fallait toujours la craindre ? Ne s'était-il pas acharné à le faire changer d'avis lorsqu'encore inconscient et ignorant la réalité, il aspirait à embarquer pour se jeter dans des batailles navales cruelles ? Ulysse lui-même avait sangloté -lui disait-il- alors qu'il avait retrouvé enfin la douce Pénélope, la femme de son cœur. Héliodore, le vieillard, avait répété inlassablement les vers du Poète pour convaincre son fils.

Seul la nuit interrompait le périple des compagnons qui s'allongeaient alors où bon il leur semblait, au milieu des chardons ou, lorsqu'il pleuvait, à l'abri de quelque pesant rocher protecteur. Pourtant, Iphiclès, dont le tempérament nerveux et arrogant s'opposait bien souvent à celui de son cadet, ronchonnait. Ne pouvant apprécier la nature, il se plaignait de plus en plus fréquemment.

- Pourquoi t'ai-je suivi ? répétait-il inlassablement.

Ces paroles peinaient vivement Astréos. Un jour, il ne put se contenir et lui dit :

- Retourne chez ton maître alors ! Y étais-tu plus heureux ? Préfères-tu les coups et les glands à la liberté ?

- J'ai mal aux pieds, petit, et ne sais où tu m'emmènes. Nous faut-il mourir sur les cimes pour que tu sois heureux, toi ?

- Tais-toi Iphiclès, tu es né pour être esclave. Retourne chez ton maître, il te donnera des sandales de cuir et tu seras plus heureux. Pars !

L'intensité de la discussion fit rougir Astréos. Il était submergé par la honte d'avoir osé ainsi insulter son ami et cependant, l'orgueilleux ne rectifia pas son erreur. Il marchait aussi vite que ses jambes le lui permettaient et ne se retournait que rarement pour voir si le plus grand le suivait. En outre, il reprit machinalement son monologue sans savoir si l'autre l'entendait :

- Les hommes se prosternent devant les tyrans et les profiteurs, ils ne craignent pas d'être battus ou humiliés alors qu'ils déifient leur liberté. Iphiclès, ce ne sont pas tes lourdes chaînes qui te retiennent à ton maître, mais bien l'image du pouvoir que tu lui attribues et que tu portes en toi comme un joug inaltérable. Tu ne cesses de le critiquer et de le juger partialement ; ainsi, au lieu de voir que c'est ton esprit qui crée sa puissance, tu acceptes l'asservissement et, pis encore, tu justifies l'anéantissement de tout ton être. Pourras-tu abolir finalement les lois de ce que tu appelles fatalité si tu les écris toi-même dans ta propre chair et en fais la substance de ton sang ? Ne comprends-tu donc pas que seule la pensée crée des différences entre les hommes et n'est esclave que celui qui s'agenouille et roi celui à qui, par peur, soumission ou naïveté on fabrique un trône ?

Iphiclès ne l'avait pas entendu et peut-être, était-ce mieux ainsi. Lors du dernier arrêt de la journée, ils se couchèrent, sans un mot, sous un ciel sans lune. Quand ils s'endormirent, le vent s'était levé et résonnait dans la vallée, emportant avec lui les dernières rancœurs de la cité.

À l'aube, Astréos, engourdi par le froid, se leva pourtant d'un bond. Il découvrit, derrière lui, un âne attaché au tronc d'un arbre mort.

- Bonjour la bête, d'où viens-tu ? Il n'y a âme qui vive aux alentours !

Sans se retourner, il héla l'adolescent.

- Iphiclès, viens voir, vite, j'ai trouvé un âne !

Le grand ne répondit pas. Il avait disparu dans les mystères de la nuit sans qu'Astréos ne s'en fût aperçu.

L'enfant s'approcha de l'âne et le caressa tendrement au garrot. Sa couleur beige rappelait la poussière des sentes mais une raie composée de poils sombres suivait la colonne vertébrale. Une autre reliait, elle, les deux épaules. On eût dit une croix que portait l'animal et le rendait si particulier. Astréos chatouilla un moment ses deux longues oreilles et le baisa au front :

- Ne serais-tu pas l'un des deux ânes que l'on a aperçus hier, bien loin en contrebas, à la dernière ferme ? Iphiclès t'aurait-il conduit ici ?

En guise de réponse, l'âne se contenta d'arracher, à ses pieds, quelques herbes jaunies. Astréos continua son raisonnement :

- Je sais ce qu'il a fait. Le chenapan est redescendu pendant que je dormais et il vous a volés. Il est remonté jusqu'ici, t'a attaché afin que je te découvre à l'aube et lui, il a fui vers la plaine avec le second. Dieux, quelle misère ! Que dois-je faire maintenant ? Si je te ramène, ton maître me battra et peut être m'enverra-t-il devant les juges qui me frapperont d'atimie.

L'enfant essuya une larme. Il était aussi heureux d'avoir un nouveau compagnon qu'effrayé à l'idée de sa possible condamnation.

- Comment pourrais-je t'appeler, petit âne ?

Brayant pour la première fois, l'ânon lui jeta un doux coup d'œil, presque complice. Astréos en était certain : l'animal préférerait l'accompagner dans ses péripéties plutôt que retourner à l'enclos ou finalement mourir en hiver, sous cet arbre isolé. En outre, il était sûr qu'il accepterait avec amour le nom qu'il lui donnerait. Avec un sourire radieux, l'enfant sauta sur son dos et s'écria :

- En route Onidion[1], avec toi, je traverserai toutes les montagnes et si tu peux endurer cet âpre chemin malgré ton jeune âge, dans quelques jours, nous atteindrons les pentes de l'Olympe !

Chevauchant son ami, Astréos avait retrouvé toute son allégresse et sa sérénité ; ainsi, l'enfant reconnaissant s'arrêtait souvent pour reposer l'animal. Il avait appris que si les ânes étaient utiles et corvéables à souhait, ils n'en étaient pas moins humbles et laborieux.

1.- « Âne » en grec ancien.

Encore jeune, celui-ci n'avait pas besoin d'un dressage douloureux et intensif mais bien d'une lente éducation faite de bonté et d'indulgence. Ainsi, l'enfant jeta la baguette qu'il avait arrachée à un arbre alors qu'ils passaient dessous et enserra le cou de la bête.

- Je t'apprendrai à réfléchir et à affronter le danger, Onidion, tu verras, on va faire une longue et magnifique promenade tous les deux.

La fin de l'automne se montrait parfois impitoyable et les arbres ployaient par la force de vives bourrasques et de leurs hurlements. Sous un ciel qui déchargeait sa colère sur les sommets environnants, les montagnes défilaient cependant, plus vite que les jours. Jamais l'âne ne peinait, il avançait comme un guide au travers des forêts. Quand les ravins noirâtres s'ouvraient des deux côtés du sentier, Astréos tremblait, tenait fermement Onidion et se cramponnait à sa crinière. Quelquefois, un oiseau perdu croisait leur route et les dévisageait de loin. A la pluie, succédait toujours un mauvais temps de brouillard et puis le soleil réapparaissait.

Après un mois entier marqué d'étapes infinies et de maintes nuits glaciales, alors que quelques nuages dansaient encore à l'horizon et que le fond de l'air restait frais, ils marquèrent une pause afin de trouver nourriture et repos. Comme chaque soir, Astréos embrassa son ami au front et allongea ses jambes maigres pour recouvrer des forces. Pourtant, il semblait pensif :
- Tu sais, Onidion, il y a quelque temps, j'ai commis une faute irréparable. J'ai insulté gravement mon ami Iphiclès, l'ai jugé durement sans bonté et maudit tel un traître. Pourtant, qu'a-t-il commis de plus grave que moi ? Il est parti lui aussi et s'il n'est retourné chez son maître, il a peut-être regagné son foyer et su pardonner à son père. Lui, qui avait vendu son fils contre des animaux, avait peut-être aussi besoin d'un âne. Iphiclès aura surement pensé à lui faire ce cadeau. J'ai honte d'être ce lâche que j'ai vu en lui et d'avoir compté ses fautes, de m'être rendu coupable tant je me croyais juste. Seul mon silence et, par-delà celui-ci ma solitude, pourront effacer cette condamnation hâtive.
Les dents de l'enfant claquaient de froid.

- Que pourrais-je rajouter, Onidion, crois-tu qu'il nous faille rebrousser chemin ? Toi seul sais si tu es venu sur ma route pour me ramener auprès de ma mère. Je suis perdu et vais donc te conter la prière d'Ulysse au fleuve et puis on s'endormira tous les deux. A l'aube, puisque tu connais la région, tu choisiras la direction qu'il nous faudra suivre. Ecoute :

« Prince, qui que tu sois, écoute ! Sur la rive,
Que j'invoquais, je fuis Neptune menaçant.
Pour les Immortels même il est intéressant,
L'homme errant comme moi, qui maintenant arrive
En ton sein, à tes pieds, après de tels assauts.
Pitié, grand roi ! Mon cœur t'implore avec délice. » [1]

- Onidion, peux-tu imaginer combien le Héros a souffert ? Entends-le à nouveau avant de prendre ta décision :

« Hélas ! Qu'adviendra-t-il, qu'ai-je encore à souffrir ?
Si près d'ici je passe une nuit exposée,
La nuisible fraîcheur et l'humide rosée
Ensemble achèveront de me faire mourir.
Oui, d'un fleuve au matin se dégage un air rude.
Que j'aille à ce coteau, vers ces arbres épais,
Que sous un dru taillis, sans froid ni lassitude,
Je puisse du sommeil goûter enfin la paix,
Des fauves je serai peut-être la pâture. » [2]

L'enfant s'était assoupi depuis de longues heures quand le petit âne, qui broutait quelques buissons épars, gratta soudain le sol de son sabot droit, leva la tête en l'oscillant à un rythme inaccoutumé et sembla inhabituellement vigilant. Bien loin, par-delà les sapins,

---

1.- « κλῦθι, ἄναξ, ὅτις ἐσσί· πολύλλιστον δέ σ᾽ ἱκάνω
φεύγων ἐκ πόντοιο Ποσειδάωνος ἐνιπάς.
αἰδοῖος μέν τ᾽ ἐστὶ καὶ ἀθανάτοισι θεοῖσιν
ἀνδρῶν ὅς τις ἵκηται ἀλώμενος, ὡς καὶ ἐγὼ νῦν
σόν τε ῥόον σά τε γούναθ᾽ ἱκάνω πολλὰ μογήσας.
ἀλλ᾽ ἐλέαιρε, ἄναξ· ἱκέτης δέ τοι εὔχομαι εἶναι.»
Odyssée d'Homère, chant V. Traduction par Ulysse de Séguier. Didot, 1896.

croassaient les rapaces à la recherche de quelque carcasse oubliée des loups.

★

2.- « ὤ μοι ἐγώ, τί πάθω; τί νύ μοι μήκιστα γένηται;
εἰ μέν κ᾽ ἐν ποταμῷ δυσκηδέα νύκτα φυλάσσω,
μή μ᾽ ἄμυδις στίβη τε κακὴ καὶ θῆλυς ἐέρση
ἐξ ὀλιγηπελίης δαμάσῃ κεκαφηότα θυμόν·
αὔρη δ᾽ ἐκ ποταμοῦ ψυχρὴ πνέει ἠῶθι πρό.
εἰ δέ κεν ἐς κλιτὺν ἀναβὰς καὶ δάσκιον ὕλην
θάμνοις ἐν πυκινοῖσι καταδράθω, εἴ με μεθήῃ
ῥῖγος καὶ κάματος, γλυκερὸς δέ μοι ὕπνος ἐπέλθῃ,
δείδω μὴ θήρεσσιν ἕλωρ καὶ κύρμα γένωμαι.»
Odyssée d'Homère, chant V. Traduction par Ulysse de Séguier. Didot, 1896.

VIII

LA RENCONTRE

La nuit s'était évanouie à la faveur de la première clarté matinale. Le son d'une syrinx vibrait à travers les feuillages et dispersait sur la forêt des notes de rosée. L'enfant s'étira mais garda les yeux clos pour s'enivrer de la mélodie de l'instrument magique. Jamais aucune musique n'avait été plus suave à son oreille et la montagne tout entière semblait s'être plongée dans l'envoûtement d'une prière.

Astréos s'approcha lentement de la clairière d'où provenaient les notes cristallines de la flûte. Un léger ruisselet dévalait des sommets, abreuvant en ce lieu un tout petit troupeau. D'un regard furtif, l'enfant chercha Zoé mais il ne la vit point.

A l'ombre d'un sapin se trouvait le berger. Les yeux fermés, il soufflait dans des roseaux liés. Son épaisse chevelure qui tombait sur une lourde tunique de chanvre et sa longue barbe blanche le rendaient admirable.

Il avança vers le vieillard sur la pointe des pieds et tout doucement, s'agenouilla devant lui. Le respectable pasteur n'avait pas bougé et faisait courir ses lèvres sur les trous de la flûte fascinante. Après un long moment, le chevrier s'interrompit et dévisagea l'enfant. Il porta à nouveau l'instrument à sa bouche et referma ses yeux voilés d'une ombre de silence. Timidement, Astréos se redressa pour baiser le front du vieil homme qui, enfin, d'un ton qui surgissait des entrailles de la terre, fit :

- Chrysandre.

- Astréos, rétorqua l'enfant de sa voix nasillarde.

Chrysandre allongea le bras et offrit la syrinx au nouveau venu qui la repoussa en riant.

- Mon père ne m'a point appris la chanson de l'oiseau. Seras-tu mon ami, toi l'aimable vieillard ?

Chrysandre posa sa vieille main ridée sur la fragile épaule de l'enfant et murmura :

- Tu perdrais ton temps, petit, car je ne suis l'ami que de quelques chèvres, de l'orage et du soleil. Je suis aussi l'ami du vent, du hibou et du loup. Je ne crains pas la foudre ni même la vieillesse, encore moins la faim. Je ne suis qu'un souffle passager de la grâce des dieux et je vais par le chemin qui m'a été tracé.

Ses yeux s'étaient perdus dans la grandeur du songe qui enveloppait l'Olympe. Il reprit :

- Penses-tu ainsi que tu me doives ton amitié ? Ta présence, il est vrai, serait chère à mon cœur. Si tu m'assures que tel est ton désir, je t'enseignerai la mélodie du rossignol et t'offrirai, en obole, le respect que je dois à l'enfant que tu es.

Astréos osa un coup d'œil vers l'ancêtre et chuchota :

- Reçois ma gratitude, Chrysandre, je vois que tu es bon.

- Tu dois l'être aussi puisque je remarque que tu marches avec assurance vers ta destinée et mesures déjà tout le sens de tes paroles.

- Serais-je donc mauvais si j'hésitais, esquivais ou avançais sur mon chemin en claudiquant ?

- Non, répondit le sage en souriant, simplement tu serais paresseux. L'important est de ne jamais reculer.

Remarquant l'expression de bienveillance, d'humanité et de dévouement qui illuminait le visage de l'ancêtre et ne changeait jamais quels que soient les mots qu'il prononçait, l'enfant fit un pas de côté. Jamais auparavant n'avait-il aperçu ce sourire de grâce divine et d'humilité. Pourtant, afin de satisfaire ses convictions infantiles et empressées, il tenta de provoquer une réaction négative.

- Chrysandre, me le dirais-tu si un jour il te venait à penser que je suis un être nonchalant, négligent, injuste ou encore irrespectueux à l'égard de la vie ?

- Non, car il ne serait pas judicieux de parler ainsi : celui qui demande à l'aveugle la couleur du soleil n'est ni bon, ni sage et celui qui juge sans bienveillance peut être parfois plus coupable que le criminel.

- C'est vrai, fit l'enfant pensif. La raison doit-elle alors dompter et refréner nos actes et nos mots, est-ce là l'idée que tu veux me transmettre ?

- Non, je ne crois pas. Je veux dire que si le bon sens réside dans ton cœur et l'ardeur dans tes actes, tu seras invincible. Si, à l'inverse, tu agis seulement avec raison et aimes avec passion maladive, tu t'évaporeras dans la brume du ciel.

Astréos ne répondait plus, il s'était brusquement perdu dans les limbes de sa propre ignorance, devinant néanmoins que l'apparition providentielle du berger illuminerait son destin.

- Pourquoi Chrysandre, voudrais-tu me l'expliquer mieux afin que je comprenne ?

- Oui, petit. Vois le grand Zeus dont la foudre ébranle la terre des mortels ! Il guide notre monde avec frénésie, vigueur et hardiesse et s'époumone, hurle et se déchaîne pour que l'on entrevoie la splendeur divine. Entends cependant aussi le céleste message d'amour, calme et pacifique qu'avec raison Poséidon le bienveillant souffle aux marins insensés pour les protéger des vents du nord. N'es-tu point, toi aussi, le fruit de nos créateurs, celui dans lequel s'équilibrent leur fougueuse raison et leur prudente passion ?

L'enfant semblait comme pétrifié par le philtre enchanteur de ces mots tandis que le troupeau s'éparpillait dans la clairière et que les quelques chèvres du berger s'appliquaient à arracher les derniers arbustes de genièvre qui la bordaient encore. Fort impressionné par Chrysandre, il changea de sujet :

- Je te présente Onidion, c'est lui qui, fidèlement, m'a conduit à toi. Dis-moi, n'aurais-tu pas aperçu Zoé par ici ?

- Zoé, la vie ? Elle est partout, que veux-tu dire ?

- Il y a des mois, j'avais pour guide une chèvre qui découvrait toujours les meilleurs chemins, mais il y a au moins deux lunes qu'elle m'a quitté, avant même que je ne la relâche. Elle était toute rousse et portait un petit en son ventre gonflé. Je crois que je l'aimais.

Pour la première fois, le vieillard s'abandonna au rire du bonheur :

- Et moi, égoïstement, je lui sais gré qu'elle t'ait mené à moi, Astréos, car il y a bien plus de deux lunes que je n'ai trouvé l'aubaine de prononcer ne serait-ce qu'un mot ! Dis-moi, crois-tu qu'elle soit plus malheureuse, maintenant ?

- Non, bien sûr, tu as raison, mais la séparation m'est encore difficile !

Chrysandre déposa la flûte dans sa besace, saisit son vieux bâton de chêne noueux et se leva. Avec un large sourire, il attrapa l'enfant par la main et lui glissa :

- Qui donc as-tu laissé derrière toi pour ne savoir te détacher des autres ?

Surpris, comprenant que le berger pouvait certainement deviner tous les secrets enfouis dans l'âme humaine, l'enfant fronça les sourcils et amer, le dévisagea :

- J'ai renié ma mère et j'ai abandonné mon père. J'ai trouvé des amis mais nous dûmes nous séparer, c'était écrit. Zoé, elle aussi, est partie.

- La vie est une énigme avec laquelle on doit cohabiter afin que notre cœur la comprenne et l'accepte, petit, non un tourment que nous donnent les dieux sur un parchemin pour que nous la déchiffrions facilement et logiquement. Tu dois créer toi-même la métamorphose que tu attends du monde, engendrer ta propre vie sans violence ni souffrance, en cherchant la Vérité. Tu frapperas à de nombreuses portes avant que ne s'ouvre la tienne. Rappelle-toi cependant que ta vérité n'est pas nécessairement celle de l'autre et pour t'aider, pense que tu n'as rien laissé pour toujours. Astréos, tout est gravé en toi et si la trame divine a voulu ces ruptures, tu retrouveras pourtant toujours ceux qui ont marqué ton âme.

Et tout doucement, il continua :

- Ne serait-ce que dans les paroles que te dicte ton âme. Viens, maintenant, rentrons au refuge !

★

IX

LE DESTIN

L'abri avait été creusé par le temps à même la paroi. La flamme vacillante d'une simple lampe à huile posée sur le sol éclairait faiblement la grotte du vieillard. Chrysandre accrocha sa besace à une pierre saillante et invita l'enfant à s'asseoir sur une peau de chèvre. Dans le fond de son antre, il alla chercher un cruchon d'huile ainsi que deux amphores de terre cuite ébréchées. L'une contenait de l'eau, l'autre quelques bulbes d'oignons. Le berger les déposa aux pieds d'Astréos.

- Que les dieux te bénissent et te remercient de partager mon frugal repas, petit. Demain, je taillerai pour toi des sandales dans la peau d'une chèvre !

- Vas-tu tuer une bête juste pour mes pieds, Chrysandre ? demanda l'enfant avec effroi.

- Non, d'ordinaire je m'y oppose et m'interdis le sacrifice. Je n'utilise la peau et la chair que si la force obscure des Moires détermine leur fin. J'ai gardé quelques cuirs en prévoyant l'hiver, ils nous seront utiles.

Veillant à ne pas arracher l'épiderme qui collait à l'étoffe, Chrysandre déroula délicatement les chausses rudimentaires que l'enfant avait confectionnées. Les pieds, salis par la poussière du voyage, avaient considérablement enflé. Le bienveillant les examina longuement et tendrement puis pratiqua les ablutions nécessaires en les oignant d'huile d'olive.

- Tu es un homme juste et bon, Chrysandre, s'émut l'enfant. Je ne sais ce que m'aurait réservé l'avenir si je ne t'avais trouvé sur ma route !

- T'en serais-tu allé de chez ton père si notre rencontre n'avait dû être ?

- Je suis parti pour connaître les sentiments des hommes et comprendre les dérives de mon incertitude et de mes doutes, je ne pouvais rien deviner.

- Mais qu'attends-tu de moi, Astréos ?

- Tu sais les notes de la flûte et affronter la rigueur de l'hiver, tu connais les remèdes et aussi la bonté. Je crois que tu pourras m'aider, Chrysandre !

Ce dernier s'adossa contre le rocher en face de l'enfant et soupira.

- Tu me parles de toi et de ce qui t'importe ; as-tu songé une fois à la force du ciel, à ce vent qui repousse les nuages, à la lune qui luit sur l'herbe des troupeaux du monde quand tes pas minuscules sont conduits par une chèvre ? Je ne suis que le pâtre de la montagne sombre et comme un petit être dénué d'importance, je vais en me courbant sous le poids des années. Moi aussi, Astréos, j'ai dû fuir ma contrée tant aimée ! On enfermait des esclaves dans les mines d'argent et la mort m'effrayait ! Grâce aux Dieux, j'ai pu m'en échapper et sans but, j'ai parcouru les routes pendant une longue année d'errance et de mendicité. Je croyais pouvoir braver la mort mais j'ai connu la faim, la douleur de la soif. Ma route a croisé celle des Eupatrides[1] et pour leurs champs immenses, j'ai dû, comme les autres, donner mon sang ; ma vie n'était que labeur, gage et asservissement. La galette d'orge quotidienne ne pouvait me suffire à cette époque et Dracon[2] envoyait les voleurs à la mort. Je craignais trop le tyran et ses panneaux de bois où ses maudites lois nous menaçaient et semaient la terreur sur chacun d'entre nous, alors je me suis échappé vers les sommets. Seul l'immensité de la montagne

---

1.- L'hypothèse traditionnelle fait des Eupatrides (les « bien-nés ») les aristocrates athéniens, détenteurs du pouvoir pendant une partie de l'époque archaïque. Des recherches plus récentes mettent en avant une autre possibilité : il pourrait s'agir d'un groupe d'aristocrates s'étant opposé aux tyrans, eupatride signifiant dans ce cas « bienfaiteur de la patrie ».
2.- Dracon est un législateur athénien du VIIe siècle av. J.-C., appartenant à la classe des Eupatrides. Il rédige ses lois en -621, sous l'archontat d'Aristaichmos, qui sont les premières lois écrites de la cité.

pouvait me protéger, pensais-je et j'ai choisi de m'éloigner de tout. J'étais si jeune que tout me paraissait odieux, partial ou mensonger. Peut-être me suis-je trompé : ma puérilité pouvait-elle distinguer la moralité ou la justice de l'asservissement et la condamnation ? Enfin, lorsque mon histoire a voulu que je m'arrête ici, Artémis m'a donné une grotte et les chèvres de l'Olympe. Mais je ne sais plus rien des hommes, Astréos, sinon que je les aime. Dis-moi donc en quoi pourrais-je t'aider ?

L'enfant avait fermé les yeux pour écouter le sage. Le vertige de son propre silence s'était emparé de lui et l'abandonnait soudain à la solitude de la perplexité. Lentement, il releva la tête et murmura :

- Je compte peu d'années d'âge mais tant d'orgueil, d'inconscience et de doutes, pardonne-moi, Chrysandre !

- Tu te pardonneras toi-même, Astréos, quand tu auras l'expérience et la connaissance pour juger. As-tu commis le mal pour me parler ainsi ?

- J'ignore si j'ai commis des erreurs mais j'ai connu la douleur inéluctable de la mort. Mon âme m'avait fui pour mon cinquième hiver, me laissant raide et froid, sans même l'ombre d'un sursaut de vigueur.

Le vent glacial de la nuit avait pénétré l'espace de la grotte. Chrysandre emmitonna l'enfant dans un chiton de laine et souffla sur la mèche de la lampe de terre.

- Demain, tu me diras la mort. Repose-toi, maintenant !

Astréos s'installa comme il put pour le repos mais il ne dormit point. Sa main serrait celle de son nouvel ami qui réfléchissait encore. Il se pencha sur l'épaule du vieillard et tendrement lui demanda :

- Chrysandre, veux-tu bien me parler de ta mère ?

- Le destin a voulu que je ne la connaisse point puisqu'il a repris son âme alors que je naissais. Ourania était, naturellement, plus belle que l'étoile et douce comme l'écume. Je la vois dans mes rêves et dans l'azur infini, elle m'a donné la vie quand moi je l'ai meurtrie. Plus tard, lorsque je partis, mon père m'offrit l'anneau de bronze qu'elle portait encore à son bras quand je naquis. Il est lourd à mon cœur, Astréos, et il m'attache à elle bien plus que son absence. Sans doute, la suivrai-je bientôt par-delà le Styx[1] si les Moires m'appellent et coupent le fil de ma vie. Puis il ajouta :

\- Que la nuit te soit bénéfique, Astréos. Dors, à présent.

Pour la première fois depuis son départ, Astréos s'éveilla sous la caresse sensible et affectueuse d'un être qui prenait soin de lui et l'attendait.

\- Viens l'ami, nous allons traire les chèvres pour te nourrir et puis nous les mènerons paître, s'exclama le vieillard avant de s'éclipser.

L'enfant se leva d'un bond et courut le rejoindre devant la bouche de la grotte.

\- Si tu veux du lait, approche-toi et tire doucement sur les deux trayons de la mamelle, tu ne lui feras aucun mal. Tu vois, il te fallait t'occuper de ta chèvre pour éviter de la perdre !

Astréos n'hésita pas : il souhaitait tout apprendre de Chrysandre et le moindre de ses gestes lui paraissait initiatique. Il se gorgea du lait tiède et légèrement âcre alors que son vieil ami avait à nouveau disparu.

\- Où es-tu Chrysandre ? Je voulais te remercier à nouveau, te dire combien je suis heureux que tu existes et de ne plus être seul, mais tu n'es plus là !

Un rire franc et jovial se fit entendre en aval. Chrysandre travaillait à la confection d'une paire de sandales en cuir aux semelles rigides de bois et de liège. Il s'esclaffa :

\- Te crois-tu capable de me cacher ton bonheur ? Il suffisait de t'observer pour deviner combien le lait t'avait manqué. Allez, enfile ces pauvres chausses, attache les lanières et suis-moi maintenant !

Ils redescendirent avec le troupeau vers la clairière qui, la veille, leur avait permis de se rencontrer. Astréos retira sa tunique et, à l'instar des bêtes qui y pataugeaient, il aspergea son corps de l'eau glacée du ruisseau. Chrysandre le suivait des yeux. Mais quand l'enfant se dévêtit, il s'approcha et posa son index rugueux sur son

----

1.- Le Styx est un des fleuves des Enfers.

torse blessé.

- Quand tu seras lavé, petit, tu enfileras ton manteau et tu viendras t'asseoir auprès de moi, à l'ombre de notre sapin.

- Me feras-tu entendre encore le son de la syrinx ? Demanda l'enfant étonné par le sérieux soudain de son ami.

- Plus tard si tu le souhaites, je t'apprendrai à souffler pour imiter la mélopée de l'esprit. A présent j'ai mal, Astréos, mal quand tu t'interroges inlassablement ou lorsque tu plonges dans le silence, mal quand je regarde ton corps déchiré, marqué par tes épreuves douloureuses. Me diras-tu un jour enfin la souffrance terrible que tu as endurée et le souvenir amer que tu en as gardé dans la pénombre de ton petit cœur ?

Mélancolique, le jeune garçon soupira.

- Chrysandre, je crois souvent que je suis mort et n'ai pu revenir de l'enfer. Ma mère me rejeta et m'étouffa sous un linceul de violence et de haine, m'écrasant sans vergogne sous le joug fatal que sont les blâmes ou les coups. Elle dorlotait mes sœurs quand elle m'opprimait, les couvrait de baisers et de caresses quand mon dos se courbait sous le fouet. Elle ne m'a point aimé et moi, petit, je devais me soigner en regardant la mer ou parfois les étoiles. Puis, elle a choisi de me tuer car je voulais comprendre et lui avais demandé alors si elle était une sorcière. Je m'étais réfugié au sommet du rocher qui surplombe la demeure de mon père. Du haut de cette roche, elle m'a précipité dans le vide, n'attendant que ma mort et sa paix retrouvée. Par bonheur, Chrysandre, mon cri a alerté mon père mais le vieil Héliodore n'a relevé que le corps mutilé de son tout jeune enfant. Il m'a porté au lieu sacré, espérant mon souffle et la clémence des Dieux. Mais la dureté du sol avait creusé mon front, ma poitrine et mes jambes tandis que je m'étais refugié dans un étrange songe : je me sentais happé dans l'abysse profond de l'Erèbe[1], aux parois noires et froides d'un souterrain sans fin. Je découvrais alors la solitude de la mort quand, soudainement, je fus attiré par un éclat de lumière, pâle comme la lune d'hiver. Mais

---

1.- Région des Enfers où passent les âmes des défunts, située entre le monde des vivants et l'Hadès.

avant même de l'atteindre, j'ai perçu les pleurs de mon père qui m'ont rappelé à la terre. Quand je me suis éveillé, les larmes de l'ancêtre s'étaient mêlées à mon sang juvénile et façonnaient ainsi l'offrande sacrée d'une prière. Mon père m'a soigné, mon père m'a aimé, Chrysandre. Pendant plus d'une année, il a dû me masser, me panser, me choyer. Il préparait des herbes et des poudres de pierres, choisissait des racines avec le prêtre guérisseur. Asclépios veillait sur moi tandis que je dormais. Mon père fit néanmoins le choix de ne point renier ma mère car elle chérissait ses filles et mes sœurs l'aimaient ; mais il l'a isolée dans le gynécée où elle devait se tenir pour n'en jamais sortir. Le soir, le pauvre Héliodore me récitait quelques vers des poètes ou m'insufflait l'inspiration des penseurs, mais il ne connaissait que peu de leurs pages et répétait toujours les mêmes. C'était un être si bon et si rare, il ne savait qu'inventer pour me rassurer et me faire ressentir son amour. Je regrette tant qu'il m'ait fallu m'en séparer ! Ensuite, son ami le vieux prêtre enseignant m'a appris à lire et j'ai pu découvrir les escales du Héros lors de son si beau voyage.

- Et pourquoi as-tu décidé de partir, toi aussi ? murmura Chrysandre.

- Je n'ai trouvé ma réponse dans aucune lecture. J'ai souvent questionné mon père car je voulais comprendre la haine de ma mère qui avait sûrement quelques explications. Mais il ne me l'a pas vraiment dite ou bien il n'a pas su me dire.

- Mais toi, Astréos, éprouves-tu du mépris pour celle qui t'a porté en son ventre ?

- Je ne puis te répondre. Par elle j'ai connu la vie, par elle j'ai vu la mort, j'ignore qui elle est et ne sais que penser. Rappelle-toi que je porte les stigmates de son hostilité sur mon corps tout entier. Un jour pourtant, Héliodore m'a dit enfin que même si je n'étais pas l'enfant de son corps, j'étais le fils de son cœur et qu'il m'aimait plus que tout.

- Que veux-tu dire, Astréos ?

- Mon véritable père se nommait Ménémaque, c'était un citoyen, un hoplite vaillant et courageux qui venait d'Orchomène et détestait la domination, plus encore si elle émanait des Thébains.

- Et alors ?

- Selon les mots d'Héliodore, malgré les prédictions funestes de l'oracle, sa phalange voulut se rendre à la plaine pour se livrer à une bataille sanglante. Tu vois, les sacrifices qu'ils effectuèrent auparavant au sanctuaire s'avérèrent inutiles.

- Ton père est mort, petit ?

- Pas seulement, Chrysandre. Imagine l'abomination brutale qu'il vécut, lui et sa troupe, alors qu'ils avançaient vers les lignes ennemies. Les hommes, tous un peu ivres pour trouver du courage, s'interpellaient les uns les autres et puis soudain, le chaos. Ils étaient aveuglés par des heaumes pesants, dotés seulement de deux étroites fentes pour les yeux, dont le métal blessait leurs cous. Terriblement ralentis par leurs lourdes armures, les hoplites étaient poussés en avant par les rangs arrière. Plus personne ne savait qui ni où frapper, ils attaquaient au jugé, s'entretuaient parfois. Alors, que te dire, l'ami ? Ni son bouclier rond de bois massif, ni son casque de bronze dont le fier cimier narguait l'ennemi, pas même sa cuirasse ou ses cnémides ne purent le sauver. Sa lance fut brisée et sa propre épée, dans la main d'un barbare, lui perça le cœur alors qu'il était au sol. Son dernier souffle l'abandonna tandis que les hommes paniqués s'enfuyaient et que la lamentation funèbre de l'aulos[1] résonnait encore dans les confins de la plaine ensanglantée.

- C'est vraiment un drame cruel, ta mère a dû être si malheureuse !

- Ma mère ?

Il ricana amèrement et poursuivit :

- Elle m'a haï aussitôt, croyant qu'à cause de moi, elle ne pourrait retrouver mari ni espérer un avenir convenable. Mais elle avait des biens et son père était riche, capable de la remarier. Quand elle a rencontré Héliodore, celui-ci a joué le rôle de mon père et m'a aimé dès le premier jour. Il a mis tous ses espoirs dans le petit garçon que j'étais et quand ma mère lui a donné deux filles, il a vu alors en

---

1.- Ancien instrument de musique à vent utilisé notamment en Grèce antique. Le terme *aulos* est traditionnellement traduit par « flûte (double) », mais il est plus proche du hautbois. Il était beaucoup utilisé dans le domaine militaire.

moi un trésor prodigieux. Elle, au contraire, me détestait chaque jour davantage.

L'enfant saisit la main de Chrysandre qui, intensément ému, l'avait écouté avec effroi et la frotta furtivement sur son visage. Profondément accablé, Astréos pleurait doucement et tout son corps souffrait de s'être enfin ouvert à l'ami véritable. A la nuit tombée, il sanglotait toujours mais le berger ne le protégeait que dans la résonance de son silence. Enfin, le vieillard le porta jusqu'au fond de sa grotte et lui caressa le front.

- Tu vas dormir, petit, mais avant, je te fais un présent.

Lentement, il passa l'anneau de bronze au bras d'Astréos et chuchota :

- L'amour est une souffrance étrange qui te frappe parfois du sceau de l'éternité mais cette douleur engendre toujours la sagesse du temps. Tu es le fils des dieux et l'ami du berger, n'est-ce pas ? Ainsi, reverras-tu le soleil dominer le tonnerre et bientôt le chant de l'oiseau diluera tes sanglots. Je t'offre l'anneau de bronze d'une mère, Astréos, puisse ce don modeste effacer à jamais l'empreinte de la haine ou de l'incertitude.

Chrysandre, perdu dans ses pensées, ne poursuivit pas son discours au-delà. Il souffla longuement dans sa flûte de bois en regardant la lune pleine qui éclairait la coupole du ciel. Il se demandait si au-delà de la mort, le pire malheur des hommes n'était pas de s'apitoyer sur eux-mêmes, d'interpréter les vicissitudes quotidiennes de leur petite vie telles des malédictions, tandis que les réels guerriers ne survivaient que pour affronter la véritable cruauté du destin.

★

X

LA RENAISSANCE

L'hiver avait enveloppé l'Olympe de sa première neige. Pour recouvrer ses forces, la nature dormait, peut-être aussi, se recueillait-elle et remerciait les cieux de la beauté dont ils la pareraient à nouveau au printemps. Entourés de leurs chèvres, les deux amis ne quittaient plus la grotte et inlassablement, parlaient, se querellaient parfois avec respect, s'appréciaient et riaient. L'antre, si longtemps obscur et dénué de vie, s'était coloré de leurs paroles et des croquis plein d'inspiration qu'Astréos esquissait au charbon à même la roche ainsi que des bêlements de toutes les bêtes qui se serraient à l'intérieur. Selon l'enfant, il était hors de question que les chèvres restent au froid, elles méritaient le même traitement que les bergers qui les gardaient et tiraient profit de leur lait et de leur compagnie. En prévision du froid hivernal et des amoncellements de neige, le vieux Chrysandre avait rempli les cruches et les amphores de figues et d'olives, de raisins desséchés, d'amandes et d'oignons.

- Chrysandre, à quoi servent ces cubes de terre marqués d'une lettre sur chaque face ? s'enquit le jeune Astréos.

- Ce sont des dés que j'ai moi-même fabriqués en argile il y a des années. Connais-tu ce jeu ?

- Non, mais je peux l'apprendre promptement si tu veux me l'expliquer !

- Tu les jettes sur la peau et quand tu les additionnes, tu pries les dieux de te donner le plus grand nombre.

- Mais de quel nombre parles-tu, tu vois bien que ce sont des lettres, Chrysandre !

- C'est vrai, petit, je suis un piètre pédagogue. Alpha représente le un, bêta remplace le deux, gam…

- Et ainsi de suite, j'ai compris ! On joue ?

- Si tu es très habile, tu peux tirer trois dzêtas d'un seul coup et remporter la partie, mais c'est très difficile !

Soupesant les dés, Astréos fronça les sourcils et d'un air de défi, il éclata de rire.

- Que la chance me soit enfin donnée ! S'écria-t-il avec l'autorité de la conviction et de l'enthousiasme. Regarde Chrysandre, qu'en dis-tu ?

- Les dés ont parlé, mon enfant, c'est le coup d'Aphrodite réservé à ceux qui sont bénis du ciel. Rappelle-toi ce message et tu seras heureux.

- J'ai foi en l'avenir, mon ami, mais maintenant que je t'ai rencontré, je le crains. Auras-tu le temps de me tenir la main avant de disparaître ? Je ne sais rien du monde et l'amour m'est tout aussi obscur.

- Pourquoi penses-tu que tu ne connais pas l'amour, l'interrompit le vieil homme, n'as-tu jamais aimé et n'as-tu donc point été chéri pour oser le prétendre ?

- J'ai adoré mon père et j'ai aimé Alkinoos tout autant que Zoé. Ne m'ont-ils pas tous oublié maintenant ? Iphiclès ne m'a-t-il point quitté lui aussi ?

- Oublié, quitté ? dis-tu, répéta à cet instant Chrysandre avec un étonnement cependant bienveillant.

Astréos réfléchit longuement et considéra son ami. Aucune expression qui puisse l'aider n'avait mû son visage impassible.

- Oui, Chrysandre, reprit-il, j'ai été abandonné et finalement trahi de tous et surtout de ma mère qui ne m'a point aimé.

- Petit, c'est une condamnation rapide, répartit aussitôt le berger, n'est-ce donc pas là la sévère sentence d'un enfant amoureux qui n'a su fasciner l'être qu'il aimait ?

- Je n'avais pas à la charmer, j'étais le fils qu'elle se devait d'aimer !

- Tu es son fils, mais l'amour n'est pas un devoir. Ne serait-ce pas plutôt un don que l'on peut offrir pour autant qu'on l'ait soi-même reçu ?

- Tu as raison, Chrysandre, j'ignore ce qu'est l'amour. Tu me l'expliqueras ?

- Un jour, en grandissant, tu comprendras qui il est. Comme un misérable, il marche sur un chemin de pierre et comme toi, l'amour n'a ni chausses ni couche. Il est pauvre, dur et impitoyable. Crois-tu, petit garçon, que les mortels ne s'attachent que de manière tendre et pure ? Parfois sûrement, mais l'amour sait aussi transpercer le cœur des hommes et le blesser cruellement avec ses meilleurs amis.

- Avec ses meilleurs amis ?

- Avec le besoin et le désir, voulais-je dire. L'amour est un ensorceleur qui sait te protéger sous ses douces ailes comme il peut t'opprimer et te rendre malheureux. Comme toi, il convoite la sagesse parce qu'il sait qu'elle lui manque mais le sage, comme le sot, n'ont point besoin de la connaissance, petit.

- Pourquoi Chrysandre ?

- L'un puisqu'il sait déjà, l'autre car il ne connait pas l'étendue de son ignorance. Comme eux, l'amour est malheureusement un penseur autant qu'un grand nigaud. Il n'est pas parfait Astréos, rien n'est parfait.

- C'est vrai puisque les hommes peinent à juger ce qui est juste, bon, sage ou parfait. Seuls les dieux possèdent ces particularités.

- Mais non, répondit le vieillard en riant. Ils le seront quand ils auront trouvé leur but, le bonheur. Ne sais-tu donc qu'ils ne cessent de se quereller, de s'envier, de se battre ? Eux aussi cherchent à tout posséder mais dès qu'ils obtiennent ou perdent ce qu'ils désirent, leur bonheur disparait.

- On ne peut jamais être heureux alors ?

- Si Astréos, faut-il vouloir se contenter de ce que l'on a et percevoir dans l'objet de notre amour la flamme de la perfection et de l'immortalité. L'amour humain en est-il seulement capable ? Ta mère adolescente ne pouvait le comprendre.

Chrysandre, qui avait entendu un bêlement plaintif derrière lui, se leva et interpella l'enfant :

- Astréos viens voir, un chevreau va naître. Aide-moi à tenir la mère qui a peur et s'agite en tous sens, dépêche-toi !

Sans conviction ni gaîté et le cœur lourd malgré l'attrait que re-présentait une naissance, Astréos s'approcha de la chèvre.

- Je n'ai jamais fait ça, Chrysandre, j'ai peur de lui faire mal. Lais-sons-la mettre bas toute seule !

- Voilà, s'exclama le vieillard, tu la délaisserais quand bien même elle a besoin de toi. C'est une toute jeune mère et son petit se pré-sente bien mal. Allez, viens ici et tiens-lui les pattes, je te prie.

L'enfant s'agenouilla devant l'animal pour le retenir tandis que le vieil homme, coutumier du fait, délivrait la chevrette. Astréos la saisit dans ses bras et la montra au ciel en criant :

- Callisto, tu es superbe !

- Est-ce donc là le nom que tu as choisi pour cette belle petite bête ? s'enquit Chrysandre, amusé par la spontanéité de son jeune compagnon.

Astréos éclata de rire.

- Mais non, je disais sa beauté, mais après tout tu as raison, c'est le nom de la perfection. Tu es bien jolie, Callisto !

- Ainsi, tu es heureux d'avoir une nouvelle amie et pourtant, tu as hésité à aider sa mère. Crois-tu qu'elle serait née sans toi alors qu'elle se présentait si mal ? La délivrance est toujours pénible dans la solitude, Astréos, surtout quand c'est la première fois. Cette ma-man chèvre est bien jeune.

- J'ai hésité parce que je ne savais pas faire, pardonne-moi Chry-sandre !

- Tu vois, ta mère non plus ne pouvait aimer si nul ne lui avait enseigné le pouvoir et la grandeur des sentiments. Par ton geste, tu as offert ton cœur et tu as donné ton temps comme je te l'ai deman-dé. A présent, la chevrette te doit sa vie et la chèvre son petit !

- C'est vrai, Chrysandre, souffla l'enfant. Ma mère aussi a beau-coup souffert parce qu'elle était seule et que j'étais son premier enfant. Elle n'avait pas quinze ans quand je vis la lumière. Ma ve-nue au monde fut-elle sa première détresse au lieu d'être une joie ?

- Je ne puis te répondre, petit, mais ta naissance en a fait une mère alors qu'elle n'était encore qu'une toute jeune fille. Sans vouloir t'offenser, j'ignore si elle ou toi vous avez eu du cœur.

- Qu'aurais-je pu faire ? J'étais si petit !

- Tu sais parfaitement que je me réfère à la suite de ta vie. Fils de l'hoplite, tu dois suivre le chemin du cœur tel un guerrier. Tu dois trouver les pièces qui constituent le jeu de la destinée et bien les unir, si tu ne veux périr. Arrête donc de te parler car les montagnes n'ont pas besoin de ce bavardage de l'intelligence. Vois-tu, la vie, la mort, la nature, le jour et la nuit, les hommes et nos dieux sont un mystère. Apprends à les entendre, ferme les yeux et ton esprit et ouvre grand tes oreilles, ils te parlent.

- Je comprends, Chrysandre. J'ai cru ne jamais lire dans les yeux de ma mère l'amour que je cherchais, je l'ai ressentie incapable de me donner la moindre caresse ou un simple baiser. J'ai cherché la réponse dans les mots de mes maîtres sans saisir le fossé que je creusais entre nous.

- Tais-toi Astréos. Tu m'as déjà dit qu'un jour, elle t'a précipité du haut d'un rocher, ne le répète pas.

- Bien Chrysandre, je comprends néanmoins que j'étais son tourment puisqu'à cause de moi, elle croyait qu'elle ne pourrait retrouver un époux. Je fus donc un sinistre reflet de sa jeunesse brisée et de son incapacité à affronter la vie.

- Arrête Astréos, tu n'es pas mort et une fois encore, tu parles trop.

- Celui que j'étais est mort, mon vieil ami, puisque ma seule volonté était de grandir pour m'en aller ailleurs.

Chrysandre entraîna l'enfant qui portait encore Callisto dans les bras à l'extérieur de la grotte, face à l'immensité de la blancheur des vallées. Il murmura :

- Qui sait si elle souhaitait ta perte ou si elle voulait s'affranchir du supplice de ta présence, du poids de ton savoir et de son incompréhension. Tu as permis à ta mère cet éloignement et ce deuil qu'elle espérait, l'aimais-tu donc tellement ? Astréos, les amoureux savent bien que celui qui donne ou qui offre est plus heureux que celui qui reçoit, l'un donne et l'autre souffre. En partant, c'est toi qui lui as fait un cadeau et bien que tu sois encore petit pour le comprendre, tu es un être généreux.

- Chrysandre, un guerrier doit donc savoir que le monde est un mystère infini et qu'il lui faut du temps pour comprendre le plus infime pourquoi de ses actes ?

- Exactement, je pense que tout s'explique, mais il est un peu tôt pour parler du pourquoi qui, toujours, nous fait mal. Pour l'instant, je veux te dire simplement que ton cœur tumultueux est plein d'espoir que tu ne perçois pas encore, pourtant, en lui renaitra le printemps. Regarde les pentes enneigées ! De leur mort surgiront les fleurs de la vie. Tu verras que le chaos porte toujours en lui la lumière d'une résurrection.

- Je vais me promener et écouter le vent. Lui seul pourra me dire si les oiseaux de l'Olympe vivent pour mourir ou s'ils meurent pour renaître. Crois-tu que je trouverai un jour le chemin du cœur ?

- Tu as succombé là-bas pour revivre ailleurs et tu as bien fait car tout ce qui est léger ou péniblement imposé virevolte, tournoie et retourne au tombeau. La vie, comme l'amour est sans valeur si sa flamme n'est sans cesse attisée. Cent fois suis-je mort en mendiant, en marchant, en tombant, en pleurant et pourtant, regarde-moi, je suis ici serein avec toi, heureux de te parler de mes combats, prêt à renaître avec toi et à recommencer. En vérité le sentier du cœur n'existe pas dehors, tu ne le trouveras pas, mais va et marche mon enfant, ferme les yeux puis écoute le cœur de l'univers. C'est en toi qu'il résonne.

★

XI

LE BONHEUR

Vers les montagnes du nord, les nuages d'hiver s'amoncelaient et préoccupaient le vieux Chrysandre. Astréos, lui, n'en avait cure, excité subitement par la vision de la chèvre qui allaitait Callisto.

- Chrysandre, sais-tu que pendant mon voyage, j'ai entendu un marin se plaindre de Solon notre poète ? Il est pourtant celui qui sauvera les faibles et leur donnera des champs !

- Je l'ignorais, les dieux et les arbres me protègent des échos citadins. Que Solon rende donc à notre terre la liberté à laquelle elle aspire, puisses-tu parler juste, Astréos ! Pourquoi les hommes ont-ils tellement besoin de se contraindre et de se rabaisser les uns les autres ? Le désir de se battre ou d'asservir le faible est-il vraiment essentiel, le sais-tu, toi, petit ?

- Non. Tu sais, hier en bas, j'ai vu les vieux hêtres et toutes les espèces de pins qui poussent en toute communion et composent une splendide forêt, j'ai admiré de loin les immenses platanes qui s'abandonnent dans l'étreinte du vent et les saules touffus qui vivent au fond des gorges, le long de la rivière qui les arrose, soupira l'enfant émerveillé. Mais loin de tout cela, j'ai vu aussi un jour le sang couler par le désir de l'homme et le dos de l'esclave se courber sous les coups d'un maître tyrannique. Peut-être était-ce un mauvais rêve, Chrysandre. Comment l'homme peut-il transformer ce verger que les dieux lui ont donné en un tel enfer, serait-il devenu fou ?

- Non, je ne crois pas. Il a simplement besoin de dominer, il veut posséder pour se rassurer puisqu'il ne lui reste plus que deux solutions.

- Lesquelles ?

- Etre le prédateur ou la proie.

- Non, nous deux avons choisi de nous éloigner de ce monde, n'est-ce pas un bon moyen de ne jamais savoir jusqu'à quelle décadence il arrivera ?

- C'est du pur égoïsme. Je crois que la sensation de grandeur ou de pouvoir que procure la possession est bien éphémère et n'aboutit qu'à un court instant de satisfaction personnelle. Vois-tu, Astréos, l'origine de ces comportements humains m'intéresse davantage que leurs conséquences. Est-il nécessaire de soumettre ou de profiter d'autrui ? Je n'ai pas la réponse et je sais seulement que je n'ai jamais rien voulu posséder, ni personne.

Astréos fixa son regard transparent sur le visage ridé de son vieil ami. En proie à ses interrogations, il essayait de lire dans les pensées de l'ancêtre qui ne montrait, comme toujours, aucune émotion.

- Qu'insinues-tu encore, enchaîna l'enfant, tu es si dur parfois, comprendras-tu un jour que je veux tout savoir ?

- Astréos, tu es trop arrogant. Crois en ton destin, aie foi en la vie et surtout, tâche d'être simple. As-tu essayé d'entendre ton cœur, hier, sur le chemin ?

Astréos réfléchit un court instant, se leva et courut se cacher dans les profondeurs de la grotte, là où la lumière disparaissait pour toujours.

Après un court instant, Chrysandre l'entendit renifler. Il hésita un instant et choisit de l'abandonner aux affres de la mélancolie. Enfin, alors que l'enfant s'étranglait de sanglots, il s'approcha doucement de lui.

- Pourquoi pleures-tu petit ?

- Parce que je ne suis pas un guerrier. Sans être un dieu je suis moi aussi querelleur et méchant comme eux. Je juge, dédaigne et condamne aux enfers tous ceux que je méprise, le marin le faisait aussi. Aucun souffle de cœur ne vibre dans mon corps, Chrysandre. Laisse-moi.

- Pourquoi partirais-je ?

- Laisse-moi pleurer, je ne suis pas un combattant te dis-je, encore moins un hoplite comme l'était mon père.

Les spasmes de sa déception s'entremêlaient de grosses larmes qui coulaient sur le sol boueux. Derrière lui, les stalactites sanglotaient aussi et semblaient accompagner l'enfant dans les mystères obscurs de l'antre de la terre. Astréos n'attendit cependant pas la réponse du berger. Il se leva brusquement et courut en dehors de la grotte pour disparaître vers l'amont. Sans réaction aucune, Chrysandre le suivit du regard alors qu'il s'éloignait.

« Ce petit cherche son cœur », pensa-t-il simplement.

Quand il ne le vit plus, il entra dans la grotte et souffla de longues heures dans la syrinx. Mais les notes résonnaient sans écho. Alors le vieillard attrapa Callisto qu'il déposa tendrement sur ses épaules et, avec le reste du troupeau, il descendit vers le ruisseau.

Le ciel avait blanchi et l'austérité du froid rafraîchissait la nuit qui était tombée, tandis que les cimes des sapins se tordaient sous le souffle d'Eole.

- Mes braves chèvres, ce soir encore vous dormirez dans mon antre, s'exclama Chrysandre à haute voix.

Un ricanement se fit entendre derrière l'arbre contre lequel s'était adossé le berger :

- Aurais-tu peur de la solitude, vieux fou ?

Sans se retourner, Chrysandre fit éclater son rire sonore et répliqua :

- Bonsoir, jeune effronté, tu me procures une grande joie, as-tu trouvé enfin la réponse à l'une de tes interrogations ?

- Oui, je crois.

- Veux-tu me la transmettre ?

- Non, Chrysandre, pas maintenant.

- D'accord, fit le berger en souriant, j'attendrai donc ! Apprendras-tu au moins un jour ce qu'est le respect ?

- Je te demande pardon, Chrysandre, une fois encore, je me montre insolent. Que les dieux me maudissent finalement !

A nouveau, une larme coula sur le visage d'Astréos. Chrysandre l'attrapa par les épaules et lui murmura :

- Laisse parler ton âme, petit, ne te sens jamais humilié lorsque tu souffres et que tu pleures. En vérité, je me moque que tu me respectes ou non, il m'est plus important que tu sois en paix avec ton cœur. Si Zeus a voulu que tu sois l'enfant de la connaissance, tu découvriras que nous pouvons tous pleurer, rire, être heureux ou parfois malheureux. Tu comprendras simplement un jour que si tu pleures d'avoir perdu une graine, tes larmes t'empêcheront de voir les forêts des montagnes. En vérité, il est inutile de soupeser les joies et les tristesses qui parsèment la vie car les deux sont inséparables. On ne peut éprouver l'amour si on ne connaît la haine, ni le bonheur si le malheur n'a pas un jour frappé à la porte de son cœur. Tu dois façonner en toi la balance qui te permettra de rester en équilibre entre les deux. Laisse d'abord la peine te ronger et creuser en toi un puits, car plus profond il sera et plus il pourra contenir tes joies à venir. Vois-tu, la flûte qui t'enchante aujourd'hui était hier encore un tas de pauvres roseaux que j'ai taillés à la lame d'un couteau. Le bois qui pleure un jour, chante le lendemain car ce qui fait mal apporte la connaissance.

Astréos se tenait un peu en contrebas du berger et le regardait en levant haut la tête. Il lui paraissait colossal.

- Chrysandre, es-tu triste aujourd'hui encore, connais-tu toi aussi la douleur parfois ?

- Tu sais, je n'aime pas être malheureux, alors quand une chose me fait mal, je la vois mais ne la regarde pas. De même, si une parole m'outrage, je peux aussi la percevoir sans du tout l'écouter. Il suffit pour cela de décider d'être heureux. Crois-moi Astréos, le ruisseau qui coule est plus beau à regarder et à entendre que les rires cyniques des tréfonds des abysses que sont la jalousie ou la méchanceté. Quand tu ne cherches pas le bonheur, il surgit de partout au bord de ton chemin. L'obstacle est de l'attendre ou de ne pas savoir qu'il est partout autour de toi dans le moindre phénomène.

- Peux-tu me dire quelle fut la plus grande joie de ta longue vie, Chrysandre ?

Sans hésiter, le vieillard répondit :

- C'est le chant des oiseaux qui s'éloignent après avoir picoré chaque matin dans ma main et ce sera toi quand ton cœur sera apaisé et s'envolera, comme eux, vers la liberté. On n'est jamais aussi heureux ou malheureux qu'il nous plaise de le croire et ne connaissons le malheur que par un avide désir de bonheur. N'est-ce pas dans la sérénité des autres que nous trouvons la nôtre, n'est-il pas plus fort d'aimer que d'être aimé ?

- Tu es admirable, Chrysandre !

- Non, je peux te le dire autrement si tu veux. Pour moi, le malheur n'existe que pour nous permettre d'envisager le bonheur et inversement. L'un et l'autre n'existent pas et ne sont que les péripéties du chemin de la vie.

La main rêche et massive du vieillard avait saisi le frêle poignet de l'enfant. Sans plus de mots, tous deux s'étaient levés et gravissaient la pente vers le refuge de leur amitié. Quand enfin ils y parvinrent, Chrysandre s'assit à même le sol et enserra l'enfant qui, manifestement, cherchait la protection de sa solide étreinte. Enfin, il l'installa sur ses genoux, écarta ses grosses boucles brunes et lui chuchota à l'oreille :

- Dis-moi mon enfant, as-tu compris mon secret ? Je voudrais que tu dormes bien ce soir.

- Oui Chrysandre, si je ne me trompe pas, je pense que tu vois la nuit et l'aube et ton visage resplendit, tu regardes le soleil, les nuages ou la pluie et ton sourire flamboie, tu marches, tu glisses, tu tombes, tu souffres et puis tu te relèves et à nouveau, tu es heureux que la vie t'ait glorifié de sa leçon quotidienne. Je crois que ton secret est que le véritable bonheur se révèle en toute chose si on sait le discerner.

XII

L'ANÉANTISSEMENT

Lorsque Chrysandre ouvrit les yeux, avant même la naissance du jour, il découvrit qu'Astréos avait de nouveau disparu. Certain qu'il était sorti avec les bêtes qui manquaient aussi dans la grotte, le vieil homme fatigué ne s'en inquiéta pas davantage. Il se leva lentement, but une gorgée d'eau et s'avança lentement vers l'entrée de la caverne pour jauger de son regard averti la clémence du temps hivernal.

La disparition inattendue de l'enfant replongea son esprit dans les longues années qui avaient précédé leur rencontre. Il s'était depuis si longtemps éloigné de tout, confronté, solitaire, à tous les obstacles, qu'il avait depuis toujours envisagé la moindre difficulté de la haute montagne et même trouvé la réponse à tous les imprévus que celle-ci lui réservait. Il avait, certes, tout calculé dans sa vie. Il savait, par exemple, qu'une chèvre lui donnerait assez de lait pour le nourrir et qu'en mourant, elle lui laisserait sa viande qu'il ferait sécher ou qu'il conserverait dans la neige. Sa peau serait alors une aubaine pour tailler des sandales ou encore pour confectionner quelques habits ou se protéger du sol glacé. Il savait prédire le temps, les grandes chaleurs ou un hiver cruel qui obligeait les animaux à chercher quelques herbes éparses. Il connaissait, aussi, la langue des aigles, la course des étoiles, les espèces d'arbres, les baies comestibles et les champignons vénéneux. Les dieux avaient peut-être accepté qu'il vive sur leurs sommets mais ils le menaçaient pourtant en lançant des éclairs qui foudroyaient les forêts. En un mot, la nature ne pouvait le surprendre puisqu'elle lui avait tout donné et parfois n'hésitait pas à tout reprendre, elle pouvait l'envoûter ou bien le terrifier. En revanche, elle ne lui avait jamais offert le sourire ou les larmes d'un enfant et moins encore enseigné la perception du manque liée à son absence. Chaque fois qu'Astréos disparaissait, ne serait-ce qu'un court instant, Chrysandre se sentait triste, seul et vieux, presque démuni des forces qui l'animaient encore et s'il ne le montrait pas, ce n'était que pour se convaincre lui-même qu'il était encore, malgré tout, robuste et résistant. Le froid des cimes l'incita néanmoins à retourner dans la grotte.

Les heures lentes et pesantes de l'attente interminable s'écoulèrent et la journée s'acheva enfin sans que le vieillard ne revoie Astréos. Impatient et tourmenté, il décida d'aller à sa recherche alors que la nuit avait absorbé la terre. Il contourna les rochers, évita les névés, glissa sur l'herbe humide, pourchassa les ombres hostiles des sapins, nargua la lune, se faufila entre les troncs... Pas la moindre trace de l'enfant. Il s'aperçut, en outre, qu'Onidion ne se trouvait plus aux abords du ruisseau, là où Astréos aimait à l'attacher pour qu'il puisse s'abreuver et brouter. Chrysandre devait se rendre à l'évidence : Astréos était parti.

Courbé sur un bâton qu'il avait arraché machinalement à un arbre mort, le vieil homme regagna sa caverne. A nouveau, les heures s'égrenèrent, la nuit s'enfuit, le jour reparut. Rien. Pas un bruit dans la vallée, pas un cri dans le ciel ne vint briser le silence effrayant qui enserrait les crêtes. Chrysandre perdait la tête, ne sortait plus les bêtes, ne se nourrissait plus que d'une noix ci et là, s'endormait au petit jour et se réveillait au crépuscule. Il était fort âgé et ses vieux os flanchaient sous le poids des années, son dos se raidissait.

Au bout de quelques jours, affaibli par le gel, affamé et terriblement anxieux, il se résigna à la fatalité et se coucha pour mourir. N'avait-il pas toujours été convaincu qu'il rendrait, seul, son dernier souffle et qu'un avide vautour égaré se chargerait d'emporter sa dépouille vers le ciel ? Maintenant, il pouvait écouter ou regarder, il n'entendait ni ne voyait rien. A l'évidence, il s'était montré trop dur avec l'enfant et n'avait pas discerné l'étendue de sa souffrance. Astréos, qui cherchait tant à savoir, avait-il réussi finalement à le convaincre de sa propre sagesse ? Lui, Chrysandre, avait-il oublié que cette recherche de la connaissance absolue ne faisait que démontrer l'ampleur de son malaise, une détresse suprême et un besoin impératif de secours ? Il n'avait su ni écouter, ni entendre l'appel désespéré de son petit ami. Il s'était montré égoïste, docte et présomptueux et de surcroît, n'avait pas hésité à qualifier Astréos d'arrogant. Après tout, ne s'était-il pas comporté aussi mal que cette femme qui avait assassiné l'âme de l'enfant ? Sans aucun doute, son orgueil d'homme âgé et prétendument expérimenté avait retenti dans l'esprit du petit comme le funeste écho d'une enfance blessée. A coup sûr, Astréos avait donc décidé de retourner chez Héliodore, le seul qui avait su l'élever comme un père et verser quelques gouttes d'amour à un cœur qui succombait comme une petite lampe sans huile.

- Tu as raison d'avoir fui, finit par hurler Chrysandre étouffé par le chagrin, je ne suis qu'un fragile mortel, un sinistre orgueilleux. Que le brave Onidion t'emporte au sein de ton foyer, tu y seras heureux. Ta mère se repentira de ses erreurs ou Héliodore l'enfermera à jamais, mais toi, petit, tu souriras enfin. Cours !

Chrysandre, essoufflé et éreinté par le fardeau du remords s'endormit. Quand, bien plus tard, il s'éveilla, il ne put que s'en désoler et regretter que l'univers lui accordât un quelconque répit. Plus personne ne le hélait au dehors et rien ne le motivait dans la grotte. Les chèvres avaient bien pu s'enfuir aussi, il s'en moquait à présent. Etait-il plus absurde maintenant de déplorer le passé ou bien d'envisager le lendemain ? Il avait échoué et gâché la plus admirable des missions que les années lui aient confiée.

Il délirait presque :

« Désormais, mon corps, sans âme ni cœur, ne peut continuer sa route. Parce que je suis vivant, la mort n'existe pas ici, elle sera là où je ne serai plus. Comment puis-je la craindre puisque je ne ressentirai plus rien ? Il me semble avoir la nostalgie de l'endroit où je me trouvais avant de naître. Que je meure donc, puisque cet anéantissement est le seul moyen qu'il me reste pour m'affranchir de mon amour propre et de mon individualisme qui me rendent, depuis que je suis né, déjà trop âgé et stupide ! La mort n'est-elle pas celle encore qui me délivrera de l'Idée que j'ai toujours façonnée de moi-même et qui m'a contenté tout au long de ma vie ? Suis-je donc véritablement ce berger avisé, bon, calme et éclairé en qui croyait tant ce petit enfant ? Comme la neige, il me reste à fondre sous l'ardeur des rayons du soleil et, sans trembler, à consentir au noir dessein du destin, non comme un châtiment mais comme un envol dans le sombre chaos de l'inexistence. »

Chrysandre esquissa un geste d'énervement. Une fois de plus, il se concentrait sur lui-même et si l'éventualité de sa mort le libérait, elle l'enfermait aussi dans l'obsession de sa propre personne. Lui, qui donnait des leçons à l'enfant, il n'avait même pas appris à se détacher de la mort et même s'il ne la craignait pas -disait-il-, il la voyait tout autour de lui qui rodait tel le rapace de l'obsession.

Il reprit son monologue :

« Je suis devenu ermite pour me détacher des convenances et je sais maintenant que je ne suis pas indifférent au monde, quand bien même je me suis moi-même abandonné pour être berger. Et maintenant ? Seule la mort soudaine pourra me détacher de tout et me faire imaginer que je ne me prive de rien ou de personne, sans même me laisser le temps de m'agripper à quoi que ce soit. »

En vérité, Astréos lui manquait effroyablement et son départ entraînait le vieillard dans la spirale trouble et infinie de la désolation. Rien ne pourrait plus le remplacer, Chrysandre le savait. De plus, il réalisait d'un seul coup à quel point il n'était qu'éphémère, vulnérable et imparfait. S'il avait envisagé de devenir éternel, il lui aurait fallu procréer. Seuls les traits admirables d'un bel enfant auraient pu le rapprocher du divin. Ou bien, il aurait dû s'engager dans les phalanges, se battre jusqu'à la mort afin de devenir un héros. L'éternité ne pouvait avoir que deux visages : celui d'un fils ou celui d'un surhomme, d'un brave. Chrysandre, lui, avait choisi une existence longue, solitaire, loin de l'agitation de la cité, mais dans le même temps, il avait préféré une vie vouée à disparaître sans descendant ni ambition, et renoncé à l'immortalité. Les dieux lui avaient donné Astréos, mais il l'avait blessé et laissé échapper. Qui savait, hormis eux, ce qu'il était devenu ? Toutes ses valeurs fondées sur la sagesse, la mesure, la vertu et l'harmonie volaient en éclats. Il n'était plus qu'un être dépourvu d'utilité, un nuage de trop dans l'ombre de l'Olympe.

Il alla s'asseoir à l'air libre et observa les alentours. Avec les siècles, les couches de schistes s'étaient plissées et soulevées sous les colères de Zeus. Le sol, dénudé par l'érosion, ne laissait plus affleurer les calcaires souterrains qui s'effaçaient sous la neige. Au loin, la pierre avait éclaté en une succession de cimes, de cols et de parois escarpées qu'avaient creusés les rivières en de profonds ravins. La tyrannie des pentes ensevelies sous le gel et fouettées par des vents frénétiques, les glissements de terrain et les avalanches incessantes rendaient ces lieux les plus inhospitaliers de la terre. Alors que la nature agonisait, Hadès, intraitable et résolu à faire réfléchir Chrysandre, semblait s'être infiltré en tout lieu et avoir planté ses griffes partout, en un inexorable acharnement.

XIII

LE SERMENT

- Chrysandre, tu as perdu la tête, pourquoi ai-je retrouvé toutes nos bêtes dispersées en bas dans les bois ?

A demi assoupi et surpris, le vieil homme sursauta.

- Tu as raison Astréos, je me suis probablement endormi et je faisais un cauchemar ; il faisait si froid ici, en ton absence !

Il saisit la main de l'enfant et la serra dans les siennes.

- Je suis heureux de te revoir, galopin, fit-il simplement.

L'enfant était radieux. Ses joues, empourprées par le froid, le rendaient plus resplendissant que jamais et chacun de ses gestes transportait le vieillard dans la grâce de la providence. Astréos tira sur une mèche de la longue chevelure blanche de Chrysandre qui, encore étourdi par le retour de l'enfant, demeurait avachi à même le sol.

- Lève-toi, il est temps d'effectuer nos offrandes à tous les dieux de la montagne, viens vite !

Chrysandre, qui ne saisissait rien à ces mots inespérés, se leva rapidement, attrapa un petit vase de miel et suivit son jeune ami. A nouveau, le sang affluait dans ses veines âgées, la force revenait, le bonheur et l'allégresse effaçaient la folie. En quelques instants, Astréos avait réapparu et déjà sa spontanéité et son euphorie juvénile enchantaient l'ancêtre.

- Regarde ! hurla l'enfant.

Devant eux, dans les cieux, un faucon pèlerin gris foncé au ventre crème et noir planait en décrivant des cercles silencieux. De son regard extrêmement perçant, il surveillait la vallée et préparait son attaque. Brusquement, il lâcha un cri sec et perçant et piqua sur sa proie à une allure vertigineuse. Il toucha par l'arrière un jeune oiseau en plein vol, l'agrippa sauvagement dans ses serres jaunes impitoyables et fila aussitôt vers la montagne afin de s'en repaître en toute tranquillité. Les yeux écarquillés, Astréos ne le quittait pas des yeux.

- Tu as vu, Chrysandre, il l'emporte sur la falaise !
- Oui, petit, le faucon n'a pas de nid, il niche dans les cavités des parois. Il a peut-être des petits à nourrir.
- Moi aussi j'ai faim, répondit l'enfant avec un grand sourire, on va traire une chèvre et puis je t'emmènerai voir mon ouvrage.
- As-tu fabriqué une cabane ?
- Chut, ne me demande pas, tu verras, ce sera plus drôle.

Le vieux était prêt à suivre l'enfant n'importe où, non qu'il désirait absolument savoir où il avait pu disparaître mais parce que son entrain illuminait son âme. Il contraignit Chrysandre à escalader des à-pics, l'obligea à courir dans des éboulis, le força à avancer dans la neige, maintes fois l'empêcha de chanceler en le tirant par le bras. Ereinté mais dévoué, le vieillard le suivait partout.

Après de multiples ascensions et des descentes sans fin, ils parvinrent à une cascade qu'il ne connaissait pas. A son pied, les fougères et les joubarbes grasses croissaient à l'ombre parmi les roches suintantes tapissées de mousse et faisaient de l'endroit un emplacement de choix.

- Avant tout, nous devons nous laver, s'exclama l'enfant. Ensuite, nous contournerons la paroi et là, on arrivera enfin.

Une fois encore, l'ancien ne s'y opposa pas et non sans appréhension, il plongea lui aussi dans le bassin naturel qu'avaient creusé les eaux. Transis et frissonnants, ils ne cessaient pourtant de rire en s'aspergeant. Ils sortirent enfin, se rhabillèrent et, la petite jarre de miel à la main, ils poursuivirent leur expédition. Au sortir des buissons épineux qui s'enchevêtraient au bas de la falaise, Chrysandre aperçut soudain le chef-d'œuvre d'Astréos. Ce dernier avait choisi les pierres les plus plates des alentours et les avaient empilées de manière à former un rectangle de deux orgyes[1] sur cinq coudées[2] environ : de ses jeunes mains, l'enfant avait bâti un sanctuaire. Le vieillard s'introduit à l'intérieur. Aux quatre angles, il avait construit des colonnes des mêmes roches et avait recouvert le tout d'un manteau de branchages entrelacés. Au centre de l'édifice, sept pierres empilées figuraient une statue. La plus haute avait été grossièrement sculptée et rappelait une tête triangulaire, trop grande et imprécise. Chrysandre sortit, leva les deux bras vers le ciel et encore stupéfait, tourna les paumes de ses mains vers les sommets.

Il s'écria :

- Entends ma demande Zeus Keraunos, dieu de la foudre et du ciel, roi de tous les dieux, toi qui m'as toujours honoré en préservant l'Olympe et tous ses habitants. Aujourd'hui, je t'implore d'exaucer mon souhait le plus cher : puisses-tu protéger des maux terribles des mortels ce petit homme que tu as guidé jusqu'ici, car de ta montagne il est l'hôte le plus précieux à mon cœur. Grand dieu, veille sur la vie de celui qui a manifesté sa piété envers toi, construisant ici-bas un temple en ton nom honorable et je jure sur le Styx que je t'en serai à jamais reconnaissant. Si je manque à ma parole, détruis-moi sans honte ni remords et précipite-moi sur-le-champ dans les ombres du Tartare.

L'ancien frappa le sol pour ponctuer sa prière, déplaça une lourde pierre qu'il fit rouler devant l'entrée et en guise de libation, l'aspergea de l'intégralité du miel que contenait le pauvre vase :

- Voilà, le temple a maintenant un autel !

L'enfant semblait songeur.

- Chrysandre, es-tu certain que Zeus ne verra pas un sacrilège dans l'élaboration de ce temple ou dans tes mots ? N'aurait-il pas été plus faste de respecter rigoureusement les rites ancestraux ou de consulter l'oracle ? Je me souviens que mon père m'emmenait à Delphes pour prier et j'ai peur tout à coup d'avoir fauté : le simulacre d'une cérémonie religieuse dans un lieu sauvage est un acte impie et nous sommes peut-être impardonnables.

- Petit, tu es admirable, ne crains rien. Tu as construit la cabane

---

1.- L'orgye, brasse ou toise, six pieds : 1,77m.
2.- La coudée, un pied et demi : 0,44cm.

des dieux où j'ai prié pour toi. Est-ce si mal ? Zeus sait bien qu'il est l'allégorie de la perfection humaine à laquelle tu aspires, pourquoi le redouterais-tu ?

L'enfant l'attrapa par la main et murmura :

- Je ne sais pas, peut-être aurait-on dû sacrifier un animal pour que Zeus pardonne mon impertinence ?

- Un jour, quand tu auras grandi, nous sacrifierons une chèvre à nos dieux. Nous l'égorgerons, l'écorcherons et la brûlerons pour que sa fumée les nourrisse et puis nous leur offrirons aussi un mélange de farine, de vin et d'huile.

- Non, finalement j'en suis incapable, jamais je ne supplicierai une chèvre, ni même une souris ou un écureuil et je te prie de ne pas le faire non plus. Si les dieux veulent nous exaucer, ils le feront. Sois sûr, par contre, qu'au printemps, je leur apporterai les plus belles et les plus rares des fleurs sauvages que je trouverai.

- Quoi qu'il en soit, ils te protègeront toujours parce que tu es vierge de toute mauvaise pensée. Je ne sais si tu leur ressembles, s'ils ont comme toi ces grandes boucles brunes et ces yeux de charbon qui font de toi un être unique, mais par toi et par eux je connais la vertu. Nous tous aspirons à retrouver ce dieu, le nouveau-né dénué de toute souillure que nous fûmes quand ils nous ont envoyés sur terre.

Tout en haut de l'Olympe, un éclair déchira le ciel qui s'était brusquement assombri et Zeus lança ses feux sur la forêt voisine. En un clin d'œil, la terre se mit à trembler et ébranla les arbres tandis que la mer ensevelissait l'horizon. Epouvanté, Astréos se réfugia dans les bras du vieillard qui le dissimula sous sa lourde houppelande de peau.

- Tous les éléments se déchaînent, Chrysandre, les dieux sont courroucés et ils vont nous punir !

- Non petit, s'ils voulaient nous châtier, ils nous auraient écrasés par la force d'un rocher gigantesque ou foudroyés brutalement. Regarde, sais-tu pourquoi la terre tremble ? C'est parce qu'elle respire.

- La foudre et le tonnerre ne te font pas peur, Chrysandre ?

- Quand j'étais plus jeune, ils me faisaient frémir mais ne pouvant m'abriter, j'ai appris à vivre avec eux et puis à les aimer.

- Il ne nous arrivera rien ? fit Astréos en entrouvrant la cape pour risquer un regard vers l'aval, je crains leur malédiction...

Chrysandre le repoussa affectueusement et s'éloigna en pressant le pas. Un déluge de pluie drue et hostile s'abattait sur les cimes et lui faisait craindre un retour périlleux. L'enfant, qui connaissait mieux les lieux, courut à perdre haleine et le distança rapidement. Suffocant, il choisit une pierre qui semblait taillée pour l'observation et s'y assit. Le brouillard était si dense qu'il peinait désormais à discerner la silhouette de l'ancien qui avançait stoïquement, son bâton à la main. Il cria à son encontre :

- Je t'attends Chrysandre, monte par ici pour ne pas glisser et ensuite je t'aiderai à grimper jusqu'à l'abri.

Puis, ne pouvant se dispenser de l'ironie qui l'habitait, il ajouta :

- Tu as raison, puisqu'ils ne nous ont pas capturés hier, les dieux ne nous emporteront pas non plus aujourd'hui !

Le vieillard approchait péniblement tant la montée était ardue. Hors d'haleine, il s'arrêta et sourit à Astréos.

- Qui sait, répondit-il, si notre mort est inscrite au sommet de l'Olympe. Le crois-tu, toi ?

- Je sais seulement ce que m'a soufflé le vent alors que je bâtissais notre sanctuaire. On n'a pas le droit de décider du jour de sa mort, puisqu'on n'a pas choisi non plus notre mission sur la terre. Tu devrais y penser, Chrysandre. Rien ne nous appartient ici, c'est toi qui m'as appris que nous sommes les étoiles filantes qui brillent dans les âmes divines. Pouvons-nous donc mépriser la lumière qu'ils nous ont offerte ?

La pluie redoublait. La bise hurlait dans les vallons et frappaient les parois de la falaise détrempée où se miraient les nuages humides. L'enfant attrapa l'extrémité de la cape du vieillard et, sans doute un peu grave et inquiet, il susurra :

- Je ne veux plus que tu sois triste, Chrysandre, jamais. Tu m'as enseigné que l'erreur engendre la connaissance. Quand je suis revenu, j'ai vu le malheur sur ton visage, j'en suis coupable et j'en ai honte. Maintenant que nous sommes à nouveau réunis, je jure que je te protègerai de toute mon âme.

Le vieillard essuya une larme et l'étreignit. Astréos poursuivit :

- Je crois pourtant qu'aujourd'hui, au temple, nous avons fait une grande erreur. Les dieux n'écoutent jamais nos prières quand on leur parle en gémissant ou qu'on escompte leur grâce en retour. Ils n'aiment pas qu'on demande.

- Pourquoi Astréos ? L'homme qui regarde vers le haut, le bras tendu vers l'Olympe, n'est-il point semblable à une humble fleur qui implore la neige du ciel de l'épargner quelques jours ou de se transformer en pluie pour l'aider à grandir ?

- Si, mais la petite fleur proclame sa reconnaissance aux dieux et à la splendeur de la terre tout au long de sa vie, au soleil ou sous la neige, même quand elle s'endort et attend le printemps. On doit apprendre à remercier, c'est trop facile de dire s'il te plaît et de réclamer. Tu sais, la bonté est finalement le chemin le plus court et le plus facile pour atteindre l'autre, c'est elle qui grave la mémoire du cœur.

- C'est vrai, les dieux ne nous écoutent que lorsqu'on exprime les paroles qu'ils prononcent eux-mêmes à travers notre bouche. Petit, d'après ce que je comprends, tu l'as appris alors que tu donnais ton souffle et ton temps en érigeant un sanctuaire aux immortels de l'Olympe.

- Oui, si on ne trouve pas de raison de remercier le ciel le matin quand il nous donne l'aurore, cela signifie que la faute est en soi. Ils m'ont dit que le remerciement est la mère de toutes les vertus et qu'il nous faut être reconnaissants, croire en notre propre force pour croire en eux. Ils n'aiment pas que nous répandions notre amertume dans l'univers qu'ils nous ont prêté. Viens maintenant mon ami, à partir d'aujourd'hui, c'est moi qui vais te guider. Je suis tellement heureux que tu me laisses t'aider, je voudrais te dire un grand merci.

☆

XIV

LA FORCE

Deux à trois fois l'an, Chrysandre quittait les versants avec quelques bêtes de son troupeau pour rejoindre la cité, au cœur de la plaine de Thessalie.

- Je vais partir, Astréos, je marcherai longtemps et quand je parviendrai au grand fleuve Pénée, je le longerai jusqu'aux pâturages des bœufs et des chevaux. Après quelques jours, je devrais atteindre mon but. M'accompagneras-tu, petit ?

- Mais quel est ton dessein, Chrysandre ? Veux-tu quitter à jamais ta montagne et achever tes jours dans la tourmente citadine ?

Le vieil homme, interloqué par l'idée de son ami, le dévisagea en secouant la tête :

- Non, Astréos, j'ai choisi l'éloignement de ma vie et m'y résous aisément puisque j'en suis heureux. Rassure-toi, je ne souhaite pas non plus t'abandonner à ton sort. Je descends seulement vendre deux ou trois bêtes, je les échangerai contre quelques victuailles. Les amphores et nos vases sont presque vides, pourtant il nous faudra survivre et ne pas nous laisser engourdir ou vaincre par l'âpreté de l'hiver. Pour la première fois, j'aurai le brave Onidion pour me porter, il me sera fort utile. Qu'en penses-tu, petit, me suivras-tu ?

L'enfant hésita un instant. La promenade vers la vallée l'attirait alors même que sa pensée se figeait sur l'image de Callisto.

- A quoi songes-tu, questionna le berger ?

- J'ai fait, la nuit dernière, un rêve tout aussi insolite que singulier, répondit l'enfant dont le regard d'un seul coup s'était embué de larmes. Nu, je m'étais égaré sur un chemin de terre dévasté par les ronces et les cailloux tranchants qui m'empêchaient d'avancer. Mes pieds écorchés saignaient abondamment et ma gorge brûlait sous le soleil aride. Je me sentais condamné, perdu et me voyais mourir. Je m'étendais au bord de ce chemin et attendais la sentence de la Fin... J'ai, hélas, oublié une partie de mon rêve mais je me souviens que j'entendais Zoé, ma toute première chèvre. Elle m'appelait.

- Elle t'appelait ? l'interrompit brusquement Chrysandre, victime d'un rire subit.

- Oui, même si tu trouves cela drôle, sache qu'elle m'appelait. Sa voix était plus onctueuse que celle d'une Dryade et vers elle, je m'en allais. Pour me revigorer, elle m'offrait la douceur de son lait au goût de miel. Quand je me suis éveillé, je compris que Zoé m'avait sauvé !

Tandis qu'il lassait ses lourdes bottes de cuir à semelles de bois, Chrysandre avait observé l'enfant qui racontait son errance nocturne. Le trouble, dont il était victime, n'avait pas échappé au vieil homme.

- Astréos, ta chèvre t'a nourri de son lait et t'a parlé de la voix d'une femme ?

- Oui, elle m'a appelé alors que je succombais, Chrysandre, qu'insinues-tu à nouveau ? Ce n'était pas du tout la voix de ma mère. Rauque et sourde, elle ressemblait à celle de la terre qui nous enferme en elle et finalement nous aspire. Pourquoi un lien si fort m'attacherait encore à celle qui fut ma mère ?

- Je ne dis rien, je t'entends seulement et c'est toi qui en parles, rétorqua Chrysandre en choisissant les chèvres qu'il espérait troquer, mais continua-t-il en insistant, cette femme était et demeure ta mère. En outre, je présume que tu gardes l'espoir de retrouver Zoé par ici et qu'en conséquence, tu ne m'accompagneras pas à la cité.

- Tu dis vrai et si tu ne m'en tiens pas rigueur, je t'attendrai en veillant sur les bêtes !

- A bientôt donc, mon petit, que les dieux te préservent et toi, protège bien Callisto et n'oublie pas sa mère. Fais bien attention à toi !

Un fruste bâton et un sac de vieille toile constituaient son maigre bagage. Il disparut ainsi aux côtés d'Onidion et de quelques chèvres, se séparant du jeune garçon sans même se retourner.

« La réalité est que je suis à nouveau seul et même si le fond de mon cœur est fort de certitudes, l'évidente vérité est que mon ami me manque déjà alors que je le vois s'éloigner », se dit Astréos qui affectait pourtant la sérénité et la désinvolture. « Je vais emmener les bêtes au ruisseau afin qu'elles se désaltèrent, avant que le gel n'enferme la nature dans sa prison sinistre. »

Sous l'ordre impératif de son nouveau maître, le troupeau se rassembla et amorça sa courte descente.

« Involontairement, je masque mon désir », pensa encore l'enfant. « Mon besoin n'est pas de promener les chèvres mais plutôt de me rendre à la clairière dans le secret espoir d'y rattraper Chrysandre. Est-ce donc si difficile d'affronter la solitude ? Pourtant, je me sais capable de lui tenir tête puisqu'il me suffit de penser à mon ami pour repeupler mon monde. Pour que mon désir se réalise et que nous soyons à nouveau réunis, il faut du temps car le bonheur, le vrai, est la patience de la vie. »

De longues heures, Astréos s'interrogea. Il acquit enfin la certitude qu'il refoulait en lui la soif de vivre à deux, le besoin de partage et l'acceptation du manque de l'autre. Alors, pour combler l'immensité déserte de l'absence de son ami, il souffla pour la première fois dans la syrinx de Chrysandre. Les sons qu'il en tirait n'étaient pas très harmonieux et sa lèvre s'écorchait vivement sur les roseaux taillés. Il persévéra pourtant, afin de procurer de la joie au vieillard lors de son retour.

- J'ai abandonné un père mais j'ai rencontré un guide, fit il à haute voix, dorénavant il me faudra le rendre fier !

Et comme si Chrysandre l'entendait toujours, il poursuivit :

- En te rendant à la cité, tu mets ta vie en péril ; en me parlant, tu m'enseignes la nature de l'homme ; en me nourrissant, tu m'évites la mort ; en me quittant, tu me places face à l'absence ; qui es-tu Chrysandre, un dieu déguisé en homme ? Maître de toi-même, tu es plus grand que les souverains du monde. Es-tu donc le berger qu'il me fallait croiser pour parvenir à vivre, ou n'es-tu que l'illusion d'un bonheur intangible ?

Machinalement, Astréos plongea un pied dans l'eau glaciale du ruisseau où de petites étoiles de givre emprisonnaient les herbes et ornaient les rochers qui pointaient à fleur d'eau. Sous l'emprise du froid, l'enfant sursauta et reprit son monologue :

- Chrysandre, les dieux ont souhaité que je discerne en toi l'objet inestimable de ma quête : tu es un confident précieux. Qu'ils me donnent la force de t'en remercier chaque matin, quand je m'éveille, tout autant que tu en es digne. Qu'ils m'aident aussi à faire surgir de mon cœur un brin d'humilité car je me sais ni modeste ni respectueux, je cache mes combats pour me montrer victorieux et même si je suis toujours prêt à apprendre, je déteste pourtant que les autres me donnent des leçons.

Par lui-même jugé, Astréos se frappa la mâchoire du poing et rappela les chèvres à l'ordre, avant de grimper vers la grotte sombre et vide. Sans allumer la mèche de la lampe de terre, il déposa dans un recoin la flûte envoûtante et s'enveloppa dans une des capes de laine que possédait Chrysandre.

« Je me sens las », songea l'enfant. « Il me faut accélérer le temps jusqu'au retour de mon ami. Je me croyais capable de l'attendre mais l'isolement me paraît être une indomptable souffrance, l'échec de mon énergie, car j'en suis dépendant. Comment puis-je accepter de vivre à nouveau le rejet de mon enfance, l'abandon par lequel j'ai décidé de partir ? »

Terrassé par la nostalgie, Astréos s'endormit au milieu de ses chèvres. Bientôt, un léger tremblement anima ses cils et une esquisse de sourire se dessina sur ses lèvres : il rêvait de Chrysandre. Par-delà le sommeil, son subtil compagnon l'avertissait encore :

- Tu dois apprendre à être l'acteur et non le spectateur de ta vie, à agir et non à subir. Puisque tout est dans tout, apprends à tout quitter, tes parents, tes amis, tes chèvres, c'est ainsi que tu atteindras la connaissance. Alors, tu retrouveras tout, plus beau et plus brillant qu'auparavant. Ne limites-tu pas, par exemple, la perception de la souffrance à ta propre douleur ? Il te faut recentrer ta vision par-delà ton propre individu afin d'envisager la puissance du Tout. Le désir engendre la tristesse et l'acceptation crée la joie. L'ombre condamne le corps et le doute l'esprit, oublie ton petit être et regarde autour de toi !

Quand il s'éveilla, Astréos sût que même dans ses rêves, Chrysandre avait raison. Enjoué plus qu'à l'accoutumé, il décida de ne pas partir à la recherche de Zoé. Planté à l'entrée de la grotte, il s'écria :

- Zoé, comme je te l'avais déjà dit, tu peux courir et profiter de ta liberté en toute sérénité. Tu as empli ma solitude et m'a nourri quand j'en avais besoin, mais je sais maintenant que les dieux ne t'ont pas donné le jour pour que tu me combles. Va où ton instinct te mène et ne reviens par-là que si par leur volonté tu en ressens l'envie !

Bien loin des forêts de l'Olympe, en plein cœur de la cité, le peuple était ou semblait affairé. Sous le soleil de l'agora où fourmillait le peuple, les uns argumentaient, discutaient ou négociaient en soulignant leurs débats de gesticulations tandis que les autres écoutaient le poète déclamer :

- Je vous le dis, rien ne modifie le cours des choses sinon l'ordre supérieur divin. Nul n'esquivera son destin, mais l'orgueil, le courroux et la convoitise briseront pour toujours l'équilibre de la nature humaine ! Ne voyez-vous pas que votre propre vanité vous empêche de supporter celle des autres ? La vertu humaine et la grandeur d'âme sont cachées dans deux mots : « donner » et « pardonner ». Ne vous arrêtez pas sur ce qui vous fait mal. Etre intelligent c'est être fidèle à soi-même, fidèle à son futur en croyant à la force du « vouloir » qui se cache dans votre cœur. Ce n'est pas rouspéter en ressassant son passé ou le « falloir » qui vous est imposé et vous détruit.

Aux alentours, une belle courtisane dont les cheveux étaient sagement retenus par un nœud, toute affublée de bijoux, enrubannée et fortement parfumée, courait au banquet de son amant libertin, où elle devait afficher son savoir d'hétaïre et faire acte de sa renversante présence.

Plus à l'écart de la foule, le métèque s'efforçait de vendre les innombrables céramiques de terre rouge à figures noires de son maître. Sur un vase, Ulysse, prêt à planter son pieu enflammé, semblait défier Polyphème, tandis que sur une assiette, Ménélas et Hector menaient un combat sanglant sur le corps d'Euphorbe. D'autres vases plus petits, posés à même le sol, avaient la panse arrondie et n'étaient pourvus que d'une seule anse verticale et d'une embouchure circulaire ou en biseau. Chrysandre marqua un arrêt pour admirer les sphinges et les animaux qui les ornaient. Plus loin encore, il contempla des plats de terre sur lesquels de jeunes hoplites s'affrontaient dans des scènes de batailles sans pitié. Le vieillard songea au jeune Astréos. Finalement, n'était-ce point une chance, pour lui, de vivre loin de ce tumulte ?

A une courte distance des fruits et des légumes proposés à profusion sur des tissus jetés à même le sol, un sage esseulé méditait en exerçant ses doigts sur les cordes d'une lyre à caisse de tortue. Chrysandre pensa alors à Hermès, le messager des dieux qui avait cédé sa propre lyre à Apollon. Avait-il décidé de retirer sa protection à Astréos ? Pourquoi l'enfant avait-il perdu sa médaille ? Maintenant qu'il était dans la cité, le vieillard pouvait remédier immédiatement à la rigueur de la fatalité qui semblait s'acharner implacablement sur son jeune ami. Il devait retrouver pour lui un objet frappé du sceau des dieux, il fallait le rassurer et le convaincre afin qu'il ne doutât jamais de leur existence. Tandis que des esclaves vantaient à la population la qualité de leurs étoffes neuves, un paysan chétif au visage émacié, qui avait abandonné son village aux premières heures du jour, passa devant lui avec ses cochons souillés de boue.

Sur les montagnes lointaines, Astréos pensait à son ami. Il s'allongea près de la chèvre qui avait enfanté Callisto et lui dit :
- J'entends quelque part en moi les oiseaux qui chantent, ils parlent entre eux et ne peuvent trouver de mot d'amour plus fort que celui-ci : « Maman. » Ils sont si petits, le monde est si vaste, que serait leur vie sans la mère nature ? Tu sais, continua-t-il en caressant le ventre de l'animal, tu es bien belle et tu as déjà appris que le véritable amour d'une mère, c'est d'aider l'enfant à devenir libre. Regarde combien Callisto a grandi et gambade avec moi, elle me suit où que j'aille, au ruisseau en bas, dans la neige ici. Elle est encore petite mais a raison d'être gaie, car elle n'a jamais eu besoin

de pleurer sa mère. Je crois que la pleurer, c'est pleurer son enfance. Grâce à la mienne, j'ai été innocent et aujourd'hui je ne le suis plus, je n'en reviens pas moi-même d'avoir tant mûri. C'est finalement elle qui m'a appris que la nature peut être un maître qui nous instruit, comme elle peut aussi être un instrument de mort. Serait-ce dans le fait même de survivre et de sourire que se trouve le triomphe de l'apprentissage puisque la douleur que l'on éprouve et qui nous épouvante peut parfois expliquer la peine que l'on provoque ? Crois-tu que la souffrance ainsi que le bonheur seraient une seule et même source d'initiation ?

Enfin, il reprit la flûte et la porta à ses lèvres. Une fois encore, ses pensées le menaient à Chrysandre :
« Puisses-tu, Maître mon ami, pardonner ma vanité qui me laisse croire que je suis un musicien et un sage, je me jette à tes pieds. Eclaire-moi afin que je fasse de ma vie un chant simple, parsemé de pensées justes et droites comme ces roseaux et puisse ton cœur l'emplir de la mélodie de ton âme. »

95

XV

L'HUMILITÉ

Les jours de froidure et les nuits glacées s'étaient succédé mais Chrysandre n'était toujours pas revenu. Astréos s'en inquiétait d'autant plus fortement que la neige avait recouvert les pentes de la hauteur d'une jambe et effacé les sentiers. Il décida alors de partir à sa rencontre. Il protégea ses pieds en les entourant de plusieurs épaisseurs de laine, les enfonça dans les bottes que Chrysandre ne portait plus, blottit son corps fragile dans une vieille pelisse d'ours puis, il héla les bêtes qui se dispersaient malgré l'inclémence du temps. Chacun de ses pas confrontait l'enfant au risque de la glissade ; néanmoins, il découvrait dans sa descente un manifeste amusement et dévalait sur le ventre aux endroits les plus traîtres. De rares chocards, en quête de quelques baies d'hiver, survolaient la montagne, lançant sans relâche leurs croassements lugubres. En sifflant gravement, Astréos tentait de leur répondre mais le tonnerre, qui grondait pour annoncer de lourdes tempêtes de neige, le rongeait d'une frénétique anxiété. Où donc se trouvait Chrysandre à cet instant ? Les années qu'il portait dans sa besace et tout ce chargement qu'il avait dû, en outre, échanger contre ses chèvres lui permettraient-ils de se hisser à nouveau sur les contreforts de l'Olympe sans hasarder sa vie ? Afin de gagner au plus vite les plaines encore sèches, Astréos commanda au troupeau de presser le pas alors que les bêtes s'enfonçaient pesamment et ne parvenaient à s'exécuter qu'en rythmant leurs sauts de mornes geignements auxquels le jeune berger ne prêtait plus guère attention.

Redoutant les nuages qui obliquaient vers les cimes, Chrysandre avait quitté, ce même matin, la cité bruyante pour regagner son repaire. Il avait été ravi par la grâce certaine de quelques belles jeunes femmes ou encore par les rires d'un groupe de futurs éphèbes qu'il avait croisé dans une rue passante. Portant leurs cheveux à l'autel des dieux, les jeunes guerriers n'avaient pas hésité à se gausser de lui :

- Noble vieillard, nous accompagneras-tu à l'assemblée du dème de nos pères qui déterminera la légitimité et la liberté de notre naissance ? Viens avec nous, car si nous voulons servir notre patrie, il nous faudra prouver que nous ne sommes pas issus de ta race, la race des esclaves !

Chrysandre, ignorant la moquerie et n'écoutant que le souvenir de ses jeunes années, avait ri avec eux. Puis, il s'en était allé vers le seul enfant qui comptait à son cœur. Ployant sous le faix de diverses amphores et de quelques longueurs de laine tissée, solitaire et heureux, Onidion marchait hardiment vers le nord avec le berger. La rocaille, qui entaillait les semelles, avait remplacé les pistes de terre menant à la cité. La vue de la neige, si proche, laissait augurer une âpre montée. Un court instant, le sage imagina Astréos confiné et isolé dans le gîte. L'intuition qui le dirigeait parfois lui souffla que malgré le froid, le poids, l'épuisement et l'âge, il lui fallait précipiter sa marche. Chrysandre traversa un dernier champ où journaliers, paysans et métèques se hâtaient, avant l'orage, à la récolte finale des grenades hélas presque pourries ou au bouturage des rameaux de l'année. Il marqua un arrêt pour admirer le plus ancien d'entre eux qui versait dans un mortier les fruits ainsi ramassés et s'activait à en écraser les graines.

« Leur maître se rendra sûrement au port pour échanger ces quelques gouttes de teinture contre des céréales », pensa Chrysandre, « je regrette seulement de ne point posséder un petit morceau de pain pour mon petit berger. En fin de compte, Astréos est un cadeau des dieux et je suis sûr que ce qu'il deviendra sera son propre remerciement aux créateurs. »

Péniblement, il avait atteint les premiers amas de neige. Ereinté et blessé par les cordes qui retenaient la besace à son dos, il prit la décision de marquer une halte. Adroitement, il se débarrassa du chargement trop lourd et étendit son corps fatigué sur l'à-plat d'un rocher gelé. A peine protégées par la tunique, ses jambes étaient transies. Quant à ses orteils, déjà gourds sous le cuir vieilli des bottes élimées, ils avaient l'insensibilité du marbre des statues. Longtemps, il résista au froid avant de s'endormir, vaincu par la peine et les tourmentes du ciel lugubre.

Un hurlement le sortit de la torpeur. A l'idée de la présence d'un loup, qui mettrait en péril la vie d'Astréos s'il errait solitaire, Chrysandre se redressa d'un bond. A quelque distance en contrebas, il découvrit, blottie dans un trou creusé dans la neige, une petite boule de poils rêche et broussailleuse.

- Toi ici, jeune chien ? s'esclaffa-t-il. Et moi qui te prenais pour un loup, il me paraît que tu es égaré ! Je vais t'emmener avec moi, non seulement parce que tu m'as sauvé d'un sommeil éternel mais surtout car tu plairas beaucoup à notre ami.

Chrysandre posa l'animal dans la neige et d'un simple regard, en établit le diagnostic :

- Une patte enflée et tordue, la truffe ardente, le corps décharné, mais serais-tu à l'agonie, ami chien ? A mon tour de t'aider, je vais tout faire pour cela. Viens maintenant !

Dans l'une de ses étoffes de laine, il allongea le chiot de sorte que le membre blessé ne pliât pas sous la contrainte du poids, attacha à son cou le fardeau supplémentaire et reprit l'ascension. Il soufflait à pleine poitrine pour reprendre courage, quand le vent lui apporta la nouvelle : la neige crissait sous le pas rapide et agile d'un individu pressé qui s'était probablement perdu en cet endroit désolé. Ce ne pouvait être que le jeune Astréos.

Ce fut bien lui qui, en apercevant le berger, hurla de tout son saoul :

- Chrysandre, enfin toi, je suis venu à ta rencontre avec tout le troupeau !

- Mon petit, je suis si heureux de te voir devant moi, fit le vieil homme ému en ponctuant ses mots d'une vive tape sur l'épaule de l'enfant, je te croyais incapable de demeurer dans l'intense solitude et supposais que tu abandonnerais chèvres et sommets pour me rejoindre à la cité !

- L'aurais-tu désiré finalement, Chrysandre ? interrogea Astréos en ricanant, je ne sais lequel de nous deux a souffert davantage de la séparation !

Le vieillard savait que son jeune ami avait toujours la réponse à la bouche et s'amusa de sa répartie. Il était vrai que la présence de ce petit homme le ravissait à chaque instant ; néanmoins, la pudeur de son origine lui interdisait de lui dévoiler plus longtemps l'ampleur de ses sentiments.

- Je te rapporte de quoi subsister tout au long de l'hiver, dit-il, avant qu'au printemps nous ne partions vers les hauteurs plus fraîches !

- Bien, nous pourrons donc festoyer, renchérit Astréos. As-tu bien vendu les bêtes, Chrysandre ?

- Quelques litres d'huile, un peu de lentilles, des gesses et des pois, mais je t'ai rapporté un cadeau, petit !

- Pourquoi donc, s'écria le jeune homme en stoppant net sa montée, n'aurais-tu pas mieux fait de t'offrir une paire d'embates pour remplacer tes vieilles chausses, ou un chapeau de feutre ?

- Tu comprendras ce soir, petit, quand je te raconterai cette longue et douloureuse expédition. Cependant, la nuit descend, il nous faut nous dépêcher si nous ne voulons pas dormir dehors menacés par les meutes de prédateurs !

Astréos s'empressa de dénouer un des sacs afin de soulager le dos accablé du berger et lui tendit la main pour le tirer plus en avant. Enfin, les abords de la grotte se dessinaient en surplomb.

- Chrysandre, jette ton chargement au sol et installe-toi sur les peaux, je vais te servir !

- Je te remercie de ta bonté, mais au risque de te peiner, je ne puis tout jeter ! Regarde, approche-toi, je te présente Thirion[1] !

A la vue du chiot, l'enfant ne put retenir ses larmes.

- Oh ! Par quel prodige cet animal a-t-il croisé ta route, Chrysandre ? N'est-il pas le gardien qui manquait au troupeau ?

- Certes, il le sera quand je l'aurai soigné. Il me faudrait rapide-

---

1.- « Bête féroce » en grec ancien.

ment lui panser la patte et lui donner du lait si tu veux qu'il reste en vie !

- Mon père Héliodore m'a pourtant conté que seuls les maîtres ou

bien les pédotribes[1] étaient aptes à la médecine, connais-tu cela aussi ?

- Ne t'inquiète pas, petit ! Je vais confectionner un cataplasme d'herbes et de racines que je mélangerai à des poudres de pierre que j'ai ici et enfin, j'attellerai Thirion le temps d'une demi-lune pour qu'il puisse gambader au milieu des chevreaux.

Ebahi par tant de science, Astréos caressait le poil de l'animal réchauffé, tandis que le vieillard, malgré la lassitude, s'activait à préparer le remède. Quand le chiot fut immobilisé, Chrysandre tendit quelques noix à l'enfant et le serra dans ses bras.

- Je me réjouis de ton euphorie, petit, puisse ce bonheur nous envahir chaque jour qui viendra ! Lors de mon absence, je t'ai senti si seul que mes rêves nocturnes m'ont porté près de toi. Je te voyais prostré, replié et amer, à nouveau plongé dans l'effroi d'un nouvel abandon et j'essayais alors de te convaincre de la douleur que ressentent aussi les autres.

- Je comprends à présent pourquoi tu m'apportes un chiot blessé, Chrysandre ! Est-ce là ton enseignement ?

- L'essentiel est de comprendre, Astréos, peu importe le cheminement du savoir ! Vois-tu, jeune berger, j'ai conservé pour toi un morceau de bronze car il me semble comparable en tous points à celui que tu as perdu. Regarde, ta médaille ne comportait-elle pas une ébauche d'Hermès sur sa face ? Sur celle-ci figure une Moire. Pour toi, je l'ai demandée à un marchand venu jusque-là depuis la lointaine cité d'Athènes pour y vendre son marbre. Il la portait au cou et ne voulait me la donner, mais il a fini par accepter une chèvre en échange.

2.- Les concours athlétiques en Grèce naissent dès l'époque archaïque, ce qui implique la mise en place d'une éducation sportive institutionnalisée, chargée de former les garçons dès 7-8 ans à ces concours. Placée sous la responsabilité du pédotribe, littéralement l'« entraîneur des enfants», elle les préparait aussi à leur entrée à l'armée.

- Merci, Chrysandre de me rappeler Alkinoos, ce modeste pêcheur de l'Egée, cet admirable père ! Cette médaille me lie immuablement à lui, comme elle m'attache dorénavant à toi, je t'en suis reconnaissant, je ne la perdrai jamais !

- Ce n'est rien, petit, puisse-t-elle simplement te promettre un avenir heureux.

- La miette de pain d'un humble est plus chère à mon cœur que le palais que m'offrirait un prince, car c'est dans le frêle épi de blé que se trouve le labeur des siècles, la signification de la vie, la beauté, la vérité ou le divin.

- Tu sais, petit, je crois qu'on ne peut contenter que ceux que la vie a déshérités, les plus faibles, les plus pauvres ou les plus disgracieux, car ils savent aimer et être aimés.

- Avec reconnaissance et humilité, veux-tu dire ?

Chrysandre acquiesça d'un hochement de tête et entraîna l'enfant vers le fond du refuge :

- Allons dormir, Astréos, emmène avec toi ton nouveau compagnon et viens t'étendre à mes côtés !

Puis, avec circonspection, il ajouta :

- As-tu déjà rêvé de moi dans ton sommeil, Astréos ?

Celui-ci se retourna vers le vieil homme protecteur et avant de souffler sur la mèche et de fermer les yeux, il répondit :

- Peut-être bien, Chrysandre, à moins que tu ne m'aies jamais quitté ?

- C'est juste, volontairement, je me suis effacé un court instant, simplement pour que le savant que tu es, fier d'apprendre et d'avoir appris tout ce qu'il sait, devienne tout doucement un sage, humble d'en savoir si peu.

★

XVI

LA LIBERTÉ

Grâce aux soins attentifs prodigués par le jeune garçon, Thirion se montra bientôt apte à courir parmi les chèvres et même à les encadrer avec l'autorité incontestée d'un aboiement juvénile, comme s'il eût toujours été le maître du troupeau. Amusé par son comportement déjà affirmé, Astréos ne s'éloignait plus du chiot et, à la moindre occasion, tous deux s'élançaient au hasard des pentes enneigées, dans d'infinies glissades. Chrysandre retrouvait alors la puérilité qui, si souvent, semblait ne plus exister sur le visage de son jeune compagnon. De loin, il observait l'enfant et l'animal qui jouissaient tant de leurs plaisirs partagés, qu'ils en oubliaient de le rejoindre au déclin du jour. Fréquemment, il pénétrait seul dans la grotte et, simplement bercé des rires joviaux et des jappements des deux compères, il allait s'étendre près de Callisto. Depuis son périple vers la cité, il prenait véritablement conscience des charges morales qui lui incombaient et qu'il devait accepter. Lui, le vieux berger solitaire qui avait choisi pour vie l'exil au fin fond du monde, se trouvait maintenant responsable de toute une fière tribu dont le cœur juvénile battait dans la peau d'un chevreau, dans le corps d'un chien ou d'un âne et plus encore dans la chair d'un enfant. Tandis que ces considérations tendaient à emplir son esprit d'allégresse, la mémoire de son grand âge ombrageait tout aussi vite ses projets d'avenir. Plus que jamais, il ressentait combien le libre-arbitre lui échappait, alors que le destin resserrait autour de son être une ineffable volonté. Le berger s'était banni du monde le temps d'une vie quand, au soir de ses jours, la jeunesse d'une âme s'était offerte à lui. Aussi, il lui devait protection, enseignement et par-dessus tout gratitude. Astréos n'était-il pas devenu son premier et ultime maître ?

Chrysandre se leva pour contempler l'enfant qui jouait sous la lune livide et s'interrogea. Comment ce minuscule gamin avait-il pu, en un éclair, métamorphoser une montagne, un troupeau et un homme en une unité si parfaite ? Depuis des années, le vieillard avait trouvé l'écho de ses pensées au travers d'une flûte dont les sons semblaient dictés par les cimes divines ou, parfois, il s'adressait à ses bêtes. Il réalisait soudainement combien il avait déplacé l'axe de sa vie. Jamais il n'avait partagé, en vérité, jamais il n'avait écouté ou entendu, il n'avait même jamais aimé. Il s'était volontairement retiré des foules pour échapper au dur labeur qui les tuait dans les mines et, fuyant devant les Puissants, il avait abandonné leurs champs. Maintes fois, il avait fait preuve de lâcheté et n'avait su affronter l'épreuve : son unique dessein était alors de se préserver de la douleur, de la faim et surtout de l'humiliation des chaînes et des coups. Pour ne plus dépendre d'autrui, il avait ainsi choisi la solitude en croyant atteindre la liberté. Qu'était donc cette liberté sinon un formidable égoïsme, un enfermement dans le gouffre de ses certitudes ? A qui avait-il été utile pendant que son peuple se battait pour ses droits et sa dignité ou qu'un enfant succombait au pied d'un rocher ? Et lui, convaincu d'accomplir le vœu des dieux, il avait réduit son isolement à la quête de ses propres nécessités, se résignant à la froidure pour compagne exclusive et à quelques olives pour simple repas.

Epuisé par le jeu, Astréos interrompit là les sombres constatations de son vieil ami :

- L'astre de la nuit veille sur nous, Chrysandre, il nous faut rentrer à présent !

Tentant de dissimuler les larmes qui brillaient en ruisselant sur son visage, le vieillard lui adressa un sourire. Astréos feignit de ne pas s'en apercevoir. Il se jucha d'un saut sur les épaules du berger et ordonna à Thirion de les suivre. Intentionnellement, il posa chacune de ses petites mains sur les joues de son occasionnelle monture et en essuya les pleurs. L'enfant ignorait tout du désastre affectif qui rongeait l'esprit de son ami. Pourtant, il prit la décision de converser avec lui sitôt le repas terminé.

- Grâce à toi, Chrysandre, j'ai découvert les plaisirs de la neige et Thirion a englouti avec avidité toutes les boules que je lui ai lancées, fit-il à mi-voix pour entamer le dialogue.

- Je sais, je vous ai vus, répondit seulement Chrysandre.

- Tu mens un peu, s'exclama par provocation Astréos. Tu ne nous as pas simplement vus, tu nous as longuement étudiés !

- C'est vrai, petit, je vous ai regardés et en vous, j'ai vu les soixante-dix hivers que j'ai hélas gâchés sans jamais faire preuve de magnanimité. Je ne suis qu'un pauvre hère, Astréos, et si je ne t'avais vu poindre au crépuscule de mon univers obtus, ma vie se serait résumée en un vaste égarement solitaire.

Une terrible douleur s'empara de l'ancêtre et le fit grimacer. Une main ouverte sur le cœur, Chrysandre s'effondra sur le sol en murmurant encore :

- Je me croyais libre, Astréos, mais toi seul fut ma liberté. Par toi, j'ai un peu appris le don de soi, le rire et la bonté.

Il s'interrompit un instant, le souffle coupé par l'émotion et reprit lentement :

- Mon garçon, je remercie les dieux, ta mère et ton père de m'avoir donné ta présence et…

L'enfant n'attendit pas la suite puisque ses yeux se révulsaient. Comme un fou, il courut à l'extérieur et ramassa de la neige qu'il déposa tendrement sur le front de Chrysandre alors que le premier rictus de la mort contractait déjà sa bouche desséchée. L'enfant posa alors sa tête sur la poitrine du berger, tendit l'oreille et dans un long sanglot, il hurla :

- Tu n'as pas le droit de mourir, Chrysandre, tu ne trouveras pas ta liberté dans la mort, tu m'entends ?

Le vieillard ne pouvait plus répondre. L'enfant le secoua, le gifla et de nouveau, frotta intensivement de neige sa gorge et sa poitrine, sans succès. Pris de panique, il hurla :

- Tu m'aimes si peu que tu souhaites partir, mon ami ? Je vois que tu es prêt, toi aussi, à m'abandonner dans ce lieu perdu, loin de tout, avec de féroces bêtes capables de m'encercler et la foudre de

Zeus au-dessus de la tête. Si tu le fais, ton âme ne connaîtra jamais la liberté et ira directement en enfer, fais attention je te dis !

Lentement, Chrysandre tourna la tête et inspirant avec difficulté, il murmura :

- Où donc est la véritable liberté, le sais-tu toi ?

Astréos se redressa et sur un ton presque belliqueux, il lui répondit :

- Ta seule liberté est de devoir te battre pour la conquérir. Sans bravoure, la liberté n'existe pas, disent les hoplites et sans liberté, oublie donc le bonheur. Tu seras libre quand tu seras libéré, Chrysandre, libéré de ton propre jugement et de celui d'autrui et de son oppression. Nul n'est plus soumis et esclave que celui qui se croit libre sans l'être. Quand tu auras acquis la félicité et que rien ne manquera plus à ton bonheur, il sera peut-être concevable de quitter la vie. Si tu le souhaites, tu pourras alors te laisser mourir et fermer la porte de la vie. Maintenant, bois un peu d'eau et calme-toi.

Comme toujours, les mots de l'enfant, -mêmes s'ils étaient durs, parfois- redonnaient vie au vieillard. Il comprenait finalement que malgré sa si courte vie emplie de drames, il avait réfléchi à tous les « pourquoi » et les « parce que » et pouvait sûrement apporter les réponses correctes à toutes ses interrogations.

- Astréos, crois-tu donc que l'on puisse infléchir le destin ?

- Apparemment non, mais j'ai la conviction que ce n'est pas important. On peut adopter différentes attitudes face à lui, on a la liberté de choisir si on veut se laisser troubler par les événements ou si on préfère les affronter, les éliminer et tenter de se battre. Selon moi, le fatalisme est une manière de refuser l'effort et la bataille.

- Tu as raison, petit, puisque le libre-arbitre exprime la volonté qui vit en nous, il est une sorte de liberté qui nous susurre si nous nous devons de faire ou de ne pas faire quelque chose.

- Oui, Chrysandre, exactement. Tu vois, tes yeux ont recouvré leur malice et tu penses juste ! C'est donc le reflet d'une personnalité toute entière dictée par la réflexion, je l'ai appris avec mon maître. On n'est pas libre des situations face auxquelles nous sommes confrontés mais on peut choisir le sens qu'on leur donnera.

- Et pourtant, si un chiot a un désir, il le suivra…

- Oui Chrysandre, c'est la différence entre l'animal et l'homme. Normalement ta volonté devrait te dicter de réagir et de suivre les lois que déterminent ta raison, ou ton cœur. Toi, tu es homme de raison, n'est-ce pas ?

- Oui, et toi qui pourtant est l'enfant du cœur et n'écoute que tes sentiments, une fois encore tu dis juste. Petit homme, la liberté n'exprime rien d'autre que le désir et la volonté qui vit en nous, nous ne vivons qu'avec eux.

Il pensa profondément et passa la main sur son front. Il ajouta :

- Je me sens fatigué, mon enfant, mais je dois te dire que chaque jour et chaque nuit, ta vérité m'éclaire et je t'en remercie. Ma raison pleure devant la constatation de son échec mais j'avoue que mon cœur n'a pas l'envie véritable de disparaître. Je ne saurai jamais d'où tu viens et qui parle en toi, Astréos, mais je sais où tu vas !

- Où donc ? interrogea l'enfant dont le rire avait éteint la flamme de la vieille lampe. J'ai voulu que les choses changent et pour cela j'ai décidé de changer ma façon de penser. J'ai voulu être libre et je le suis devenu, en acceptant la responsabilité de mes choix et de ma vie, selon mes propres valeurs. Etre libre, c'est être authentique et fidèle à sa volonté, même si on ne sait où elle nous mène.

- Sur le chemin des dieux. Mets ta main dans la mienne et dorénavant, ne la lâche plus !

XVII

L'AMOUR

L'inquiétude et la morosité gravaient tous les jours davantage le visage du vieux berger. Deux lourdes rides avaient creusé chacune de ses joues blafardes et décharnées et son âge semblait avoir tué le feu qui, jadis, animait son regard. Chrysandre estimait, à présent, le moindre geste, le moindre effort qu'il lui fallait produire et préférait le repos dans la grotte aux quotidiennes déambulations de son jeune ami. Il savait, cependant que dès l'arrivée des premières chaleurs, il lui faudrait conduire le troupeau vers les sommets. Astréos était encore bien trop jeune pour parvenir seul à diriger les bêtes même si Thirion et Onidion l'accompagnaient. Il devait donc se rétablir bien vite et chasser la vilaine toux qui emprisonnait, depuis des jours, ses poumons exténués. Astréos était particulièrement attentif à la convalescence du vieillard. A chaque instant, il vérifiait l'involution de la fièvre en apposant ses lèvres sur le front de Chrysandre et, satisfait, il sortait en courant pour se livrer à quelques galipettes sous les flocons.

Un matin, alors que la dernière intempérie avait presque complètement obturé l'entrée du repaire, l'enfant jugea indispensable qu'il lui fallait déblayer partiellement le passage s'ils ne voulaient pas demeurer prisonniers des caprices de l'hiver. Il siffla Thirion et tous deux se mirent au travail. Astréos avait adopté une position identique à celle du chien : penché en avant, les jambes écartées, il projetait de tous côtés la neige déjà durcie. Il rompit aussi les quelques concrétions de glace venues se pendre au surplomb du rocher, qui rendaient plus périlleux encore l'accès à la grotte.

- Sache, Chrysandre, que je transformerai ton domaine en un temple, s'écria-t-il, alors que le berger s'apprêtait à replonger dans un sommeil salvateur, je vais définitivement en protéger l'issue !

Sans même remarquer le sourire fatigué mais tellement reconnaissant que lui avait adressé le vieil homme, Astréos déroula une peau de chèvre, ajusta quatre branches de sapin que Chrysandre destinait au sacrifice du foyer et fixa le tout au rocher par quelques lanières de cuir. Si Eole était clément et ne l'arrachait pas dans un accès d'orgueil, l'auvent éviterait tout risque d'affaissement et protégerait ainsi l'entrée de la grotte. Les joues écarlates et les mains glacées, l'enfant, enorgueilli par son labeur, vint se pelotonner contre le vieil homme.

- Astréos, je regrette de n'avoir pu t'aider à l'élaboration de notre antre, mais ma santé ne me le permet pas. Dis-moi à quel dieu le dédies-tu ? Vas-tu l'offrir à Artémis qui t'a donné sa forêt, à Déméter afin qu'elle sorte de son deuil et que la résurrection de sa fille nous porte le printemps, à la jeunesse triomphante d'Apollon, ou encore à Hestia, la mère de notre foyer ? Chacun d'entre eux a ici sa place, n'est-ce pas ?

Astréos laissa échapper un rire franc et s'agenouilla près du feu. Il leva une main au-dessus de son visage et à pleins poumons, il vociféra :

- A celui que j'aime et que je vénèrerai chaque jour qui me sera donné, à celui qui m'a permis de voir en moi, à celui qui m'a donné l'espoir, le feu, le repas et l'avenir, enfin à celui que bénissent les dieux, à toi Chrysandre, j'offre et dédie ce temple que par tes mains tu as érigé et que par les miennes j'achèverai. A ta gloire, je le façonnerai pour que les hommes sachent qu'ici vivait un roi. Tu es celui qui sait, Chrysandre et les hommes ont besoin de toi.

- Tu déclames fort bien, petit homme, tu vois que le marin qui te le disait avait raison ! Ta vision de moi, vieux berger aigri et mélancolique, me paraît erronée et digne des plus ridicules comédies. Les hommes n'ont point besoin de moi car nul ne doit attendre quiconque pour apprendre.

- Doit-on alors vivre pour soi-même ? s'étonna l'enfant.

- Mais non, fit Chrysandre en esquissant un geste d'énervement, je n'ai pas dit cela. Il n'est pas faste de dépendre, ni même que d'autres malheureux dépendent affectivement de nous, mais il est juste d'aimer, Astréos. En ce qui te concerne, tu devrais comprendre que chacun a ses propres nécessités. Les autres hommes ne m'attendent pas, c'est toi qui cherches ton père au travers de moi et les hommes dont tu parles ne sont autres que toi-même. En vérité, tu sais bien qu'eux n'ont pas besoin de moi, non ?

Il s'arrêta un instant et regarda l'enfant dans les yeux.

- Il est bon que tu aimes celui qui t'a élevé s'il t'a appris à être libre, voilà son enseignement.

D'ordinaire, Astréos écoutait son ami avec bonheur, mais cette fois-ci, comme pétrifié, il se plaqua contre la paroi rocheuse. Ses yeux étaient fixes et ronds, sa bouche exprimait la désolation.

- Héliodore m'a donné la liberté, il m'a tout donné de lui et pourtant quelque chose me manque encore. Si tu ne te trompes pas, pourquoi serais-je parti si c'était là le message que je cherchais ? Ma quête n'aurait-elle pas plus de sens que celui de comprendre ce que sont l'amour et la liberté ?

- L'amour, comme je te l'ai expliqué un jour, peut être une illusion qui, souvent, nous fait mal et nous détourne de notre idéal de sagesse. Il peut être aussi une recherche extraordinaire de son autre moi, cette autre partie de nous que les dieux ont cachée quelque part ailleurs sur la terre. Mais tu vois Astréos, une fois encore, tu m'estimes trop et je ne puis te répondre ; tu sembles, certes, encore bien jeune pour comprendre la vie et moi qui suis beaucoup plus âgé que toi, je sais que je n'ai rien compris.

Sans terminer sa phrase, le berger se redressa avec difficulté et saisit une brindille.

- Tu vois, fit-il en traçant une vague ligne sur le sol, voilà notre monde et toi, tu es ce minuscule point. Autour de nous, gravitent un certain nombre de dieux qui savent. Quand, à son tour, un homme comprend le pourquoi et le comment de son existence, il atteint la connaissance, il est prêt.

- Prêt à quoi ?

Chrysandre soupira mais ne répondit pas. Doucement, Morphée l'enveloppait de son étreinte sereine.

Dès le lendemain, l'enfant constata que l'auvent avait tenu malgré la tempête qui avait soufflé toute la nuit. Il pensa alors que si lui n'était pas encore bien sûr de connaître le dessein de son existence, les dieux eux, le surveillaient et même le protégeaient. Plein de bonheur, il tira son vieil ami du sommeil qui l'habitait encore :

- Lève-toi, Chrysandre. Je ne veux pas que tu te laisses envahir par la vieillesse et encore moins par la maladie et la mélancolie. Si tu n'as plus besoin de rien, moi j'ai encore besoin de toi. Regarde, le soleil a chassé la neige !

De ses deux mains, Astréos tira sur les jambes du vieillard et le déplaça jusqu'à l'entrée de la grotte.

- Voilà le soleil qui vient après le tumulte, fit l'ancien, comme l'enfant agile vient après l'ancêtre. Un jour, l'enfant sera l'ancêtre mais une fois encore la pluie s'éclipsera pour laisser place au soleil et tout recommencera.

Tandis que le jeune chien dévorait la neige à pleine gueule pour se désaltérer, le regard sombre d'Astréos se perdit vers les profondeurs de la vallée.

« Nul n'est irremplaçable » pensa-t-il, « et pourtant, chaque être est unique et doit trouver le sens de sa destinée. Je suis peut-être encore bien étranger à ma propre vie, ainsi, il me faudra cheminer longuement. »

Il retourna dans la grotte et, à nouveau, il interrogea Chrysandre qui s'était réfugié près du feu.

- Je crois que j'ai compris, il me faut savoir ce qu'est l'amour Chrysandre, comment peut-on prétendre tout savoir sans avoir cette clé de la vie ?

- Ne t'inquiète pas petit, un jour tu quitteras les montagnes et tu retourneras là d'où tu viens, ta terre te rappellera.

- Non, je ne te laisserai pas, jamais, tu m'entends ?

- Alors tu sais déjà aimer, mais je te le dis, un jour tu partiras loin, là où te portera ton destin. Tu entendras une voix en toi qui t'appellera et tu lui céderas, car on ne résiste pas à l'amour.

- Je sais pourtant que l'amour peut aussi blesser, Chrysandre.

- Certes, il te torturera autant qu'il te magnifiera, car il te grandit autant qu'il t'estropie et te frappe avec violence pour te mettre à nu et te rendre vrai.

- Pourquoi ?

- Pour que tu perces les mystères de ton âme et que ton cœur sache qu'il ne doit ni posséder ni être possédé. L'amour ne réside pas dans le plaisir, ni dans le désir ou le besoin. Si tu es digne de le recevoir, il se révèlera à toi sans même que tu l'attendes, car il donne et ne prend que de lui-même, sa seule volonté est d'exister. Petit, tu m'as d'ailleurs appris qu'on n'écoute pas assez son cœur et pourtant, il est le seul à ne pas mentir, il ne faut jamais lui dire « attends ! »

L'enfant soupira et retourna à l'extérieur de la grotte. Quoiqu'en dise Chrysandre, il savait ce qu'était l'amour : le vieil homme et quelques autres étoiles le lui avaient déjà appris. L'interrogation primordiale de sa vie, celle qui l'avait fait quitter son foyer et le taraudait depuis toujours, n'était pas l'amour et ne résidait donc pas dans la rencontre de son cœur et de son esprit, ou bien, elle s'y situait aussi mais était autre. En outre, puisque l'amour était le plus noble des sentiments, comment pouvait-il prétendre qu'on lui sacrifiât l'essentiel et qu'on en oublie sa quête fondamentale ? Aimer, c'était sûrement trouver sa propre splendeur hors de soi, mais l'enfant était convaincu aussi qu'aimer passionnément était néanmoins aimer trop peu.

« L'amour ne supporte aucune mesure », décida-t-il, « il ne peut donc être humain. Je suis sûr que l'homme aime avant tout pour être aimé et il ne le comprend pas, car il n'est pas prêt au renoncement total de son être pour pouvoir se donner sans limites. »

- Je crois que je cherche autre chose que l'amour humain, murmura-t-il. Il me faut aimer celui qui est en moi sans être moi et qui pourtant est immortel. Qui est-il ?

Il se pencha et caressa son chien qui le lécha affectueusement. Longtemps il resta dehors à écouter le silence. Il se remémorait les quelques mots prononcés par le berger alors qu'ils se connaissaient à peine et qu'il n'avait jamais pu expliquer :

« La douleur engendre toujours la sagesse du temps. »

Il s'interrogea car il souhaitait savoir pourquoi il lui faudrait souffrir encore pour acquérir la connaissance. Finalement, son seul rêve était peut-être de devenir un oiseau et de voler parmi les dieux.

★

XVIII

LA CONNAISSANCE

Les jours avaient passé. Tandis qu'Astréos s'exerçait à sculpter quelques raides statuettes en frappant une pierre à l'aide d'une autre plus aiguë, Chrysandre retrouvait quelque intérêt à flâner parmi ses chèvres, bien que son bâton lui fût de plus en plus utile. Le jeune garçon s'était résolu à ne plus manifester une quelconque inquiétude quant à la santé du vieillard, ainsi celui-ci devrait lutter pour ses jours et, une fois encore, pour leur amitié.

- Dans cette pierre, je souhaiterais façonner un dieu, fit Astréos, mais je ne sais quelle forme lui donner.

- Les dieux ressemblent plus à toi qu'à moi, rétorqua l'ancien, ils ont ta grâce et ta jeunesse et surtout ils sont immortels. Aussi, pouvons-nous descendre jusqu'au ruisseau pour qu'il te renvoie ton image si tu veux être ton propre modèle !

Ne s'estimant pas digne de sa pierre, Astréos la jeta en contrebas en grommelant :

- Non, je ne peux me comparer à Apollon et jamais je n'oserai le faire. Je ne veux en rien attiser son courroux et puis cette cicatrice sur le front me rend repoussant.

Un sourire se dessina sur la bouche de l'ancêtre :

- Laisse-moi te dire, petit, que comme toi aussi, les dieux peuvent être puérils, rusés et surtout bien plus vilains, je te l'ai déjà dit. Ils seraient même facilement jaloux de la beauté de tes traits. Sais-tu que parfois, ils se disputent vainement pour donner la force et la victoire à une armée en guerre ou bien encore pour protéger plus sûrement tel aventurier plutôt que tel autre ?

- Ainsi, eux aussi peuvent être en désaccord et connaissent l'incertitude, soupira Astréos.

- Peut-être as-tu raison, mais je crois que tu devrais cesser de douter pour affirmer ta force, te redresser pour enfin t'aimer toi-même, jusqu'au fond de tes veines. Quand les Moires ont déterminé ta venue dans ce monde, elles connaissaient déjà les moindres bribes de ton aventure parmi nous et tout ce que nous devions partager. Leurs lois, incompréhensible de toi, ont inscrit dans des pages lointaines ton Chemin tout entier. Ainsi, elles savaient que ton front frapperait la roche comme elles pouvaient prévoir notre rencontre. Par-delà le ciel, ton sort est certainement inscrit. Tous les écueils sur lesquels tu te brises, tous les bonheurs qui vibrent en toi, l'euphorie, la joie comme la peine et le malheur te sont donnés afin que tu mûrisses. Parfois, il se peut même que tu provoques certains événements dans la seule idée de revivre les choses que tu connais déjà, pour te rassurer.

- Jusqu'à des choses néfastes ?

- Bien-sûr, petit. Imagine qu'un jour, tu me manquerais à tel point de respect que j'en arriverais à te rejeter et te dirais de partir. Tu pourrais penser, l'espace d'un instant, que je suis injuste. Certes, tu aurais probablement raison mais quoi qu'il en soit ce n'est pas notre propos. Après quelques réflexions et de nouveaux errements dans la nature, ne te retrouverais-tu pas dans une situation d'abandon que tu as déjà vécue ?

- Tu veux dire alors que, sans le savoir, j'aurais provoqué cette rupture pour me persuader que finalement la malveillance de ma mère n'était pas singulière et ainsi, m'en sentirais-je apaisé ?

- Oui, puisqu'une fois de plus, tu te retrouverais physiquement seul et par conséquent de nouveau face aux obstacles de l'inconnu, mais en même temps tranquillisé dans une situation qui ne t'est pas inconnue. Tu sais, sans le comprendre clairement, on aime créer et reproduire des événements que l'on sait déchiffrer, même si on les redoute. Les répercussions de certains actes que l'on répète perpétuellement nous donnent des sensations ou des impressions qui semblent authentifier notre connaissance de la réalité. Ainsi faut-il grandir un jour et perdre cette nécessité de provoquer ces petites choses de la vie qui, finalement, nous font mal.

Astréos semblait pensif. Il suivait du regard un plectrophane des neiges qui courait au sol à la recherche de quelques mauvaises herbes puis voletait d'une touffe à l'autre ou sautillait parfois pour atteindre les plus hautes. Chrysandre parut ne pas le remarquer et enchaîna :

- Pardonne-moi, petit, si j'ai reparlé de ta mère. Sois sûr que ce n'était point ici ma volonté. Je cherchais simplement à t'expliquer aussi que, selon moi, si le destin de chacun est écrit, l'Homme en est néanmoins un acteur essentiel. Il ne doit donc ni craindre les dieux ni sa propre mort mais tâcher de trouver la sérénité.

- Chrysandre, comment être imperturbable quand on ne connaît pas l'avenir ? Peut-on devenir impassible face à la mort ? Tu m'as pourtant semblé bien soucieux dernièrement…

- La mort n'est pas mauvaise, petit, je suis simplement inquiet quand je songe qu'un jour, il me faudra te laisser. L'idée de la mort ne m'effraie pas, avais-je peur avant de naître ? Je suis convaincu qu'il te faut cesser de raisonner, car on peut tous atteindre le bonheur en écoutant nos sensations. La raison est un juge dangereux parfois.

Astréos fronça les sourcils. Chrysandre s'assit derrière lui et l'enserra de ses genoux. Puis il se pencha sur l'enfant et murmura à son oreille :

- Oui petit homme, je crois que la raison est souvent un inquisiteur qui critique, contredit, rabaisse, condamne et croit résoudre tout ce qu'en vérité elle n'est pas apte à contrôler. Entends tes sensations, tes passions, ton affection, ta mémoire et ses souvenirs, écoute ton cœur, ce sont eux qui peuvent te dire l'agréable et le pénible, eux seuls détiennent les clés de la vérité.

- Chrysandre, peut-on dire alors que toutes les sensations et les sentiments sont vrais ?

- Probablement ! Pour moi, si une sensation était erronée, notre perception entière serait fausse. Les jugements du cœur sont, en outre, confirmés par l'expérience. Peux-tu, toi, me prouver la fausseté de la sensation sans commettre une erreur dans le principe de la vie que nous donnent les dieux ? Ils nous ont offert les capacités nécessaires à tout ressentir et pourtant, nous sommes incapables d'entendre la voix de notre cœur car il est plus facile et plus arrangeant de suivre la raison qui nous enferme dans ces petites habitudes quotidiennes et nous rassure. Si, de surcroît, tu ajoutes l'intuition à la sensation quand tu conçois l'image d'un objet extérieur, tu peux même apercevoir l'ensemble de notre univers.

- Chrysandre, si ce que tu dis est juste, la vie est nébuleuse et subtile. J'ai l'impression que cet univers dont tu parles n'est fait que de douleurs et de temps à autre, je n'ai même plus envie de l'entrevoir.

- Mais, petit, la douleur existe pour t'enseigner la résistance et ne demeure, d'ailleurs, que si toi tu la ressens telle une souffrance. Si tu décides qu'elle est inutile et que tu la méprises, tu l'éloignes de toi.

- Crois-tu que la souffrance puisse être initiatique ? Cette chute terrible m'aurait-elle au moins permis d'avancer sur ce Chemin dont tu me parlais ?

- Seul toi peux le dire, Astréos. Peut-être nous faut-il souffrir pour apprendre à nous connaître et, s'il en est ainsi, la souffrance est décidément un maître. Cependant, je ne pense pas que l'on doive confondre douleur et souffrance.

- La douleur blesse le corps tandis que la souffrance meurtrit aussi l'esprit.

- C'est un peu résumé, petit garçon. Je ne pense pas que l'une soit le contraste de l'autre, tout dépend plutôt de notre sensibilité.

- Plus on est sensible et plus on souffre alors ?

- Non, être insensible ne signifie pas nécessairement que tu n'es pas affecté par la peine mais plutôt que tu n'es pas affligé par le fait d'être blessé.

A cet instant de la conversation, Chrysandre manifesta un doute et s'enquit :

- Me suis-tu Astréos, comprends-tu la différence que je veux souligner ici, es-tu du même avis ?

L'enfant semblait réfléchir de tout son être. Le silence des plaines résonnait dans sa tête comme le gouffre de l'ignorance et de l'ingénuité dont il se sentait soudainement l'objet.

- C'est donc moi qui décide si je veux souffrir ou non alors ?

- C'est en tout cas toi qui choisis d'être heureux quels que soient les obstacles qui entravent ta route. Ta sensibilité fait l'être que tu es. Tu peux te résoudre au plaisir et au bonheur, pourvu qu'ils t'appartiennent, qu'ils soient innocents et sans mauvaise conscience. Le cœur est le seul qui te dira toujours ce qui est juste. Si tu ne l'écoutes pas, tu connaitras la pire des souffrances humaines et ne pourras t'en prendre qu'à toi-même. Mais, petit, tout ceci est une théorie, tu es, dans la pratique, bien meilleur que moi…

- J'ai pourtant l'impression que celui qui ne souffre pas d'avoir mal n'a, finalement, pas mal.

- Celui qui a mal souffre d'avoir mal et celui qui souffre subit la douleur de souffrir, la souffrance et la douleur sont liées dans un tourbillon infini. Astréos, je vais te dire les choses de manière plus simple : on doit apprendre à vivre sous le ciel, même quand il est noir et nous menace et surtout, tâcher de l'imaginer toujours aussi azuré qu'on l'a connu dans le passé.

- Chrysandre, nous sommes des hommes : nous pouvons donc le voir bleu, comme tu dis, mais cela ne signifie pas que nous trouvons toujours la faculté de le rendre bleu.

- Pourquoi pas, bonhomme, il te suffit de régler la sensibilité de tes yeux. Te souviens-tu de ce que je t'avais dit ? Tes yeux regardent mais ton cœur voit. Le bonheur et la souffrance sont tous deux enfants jumeaux des dieux. Sans l'un, l'autre n'existe pas. Si ta route ne croise pas la peine, tu n'apercevras pas la joie. Accueille avec sagesse la noirceur de la nuit qui descend si tu veux être capable demain d'admirer la lumière du jour.

- Oui Chrysandre, c'est après un geste maléfique que le destin m'a conduit à toi. Je comprends maintenant que connaître, c'est découvrir que la pénombre de la vie nous révèle aussi la splendeur des étoiles qui scintillent.

- Ce n'est pas faux, petit, mais pas pour autant suffisant. En vérité, toutes les dimensions de la vie sont liées. A quoi sert le mouvement sans l'intelligence, que nous apporte l'intelligence sans le travail et que faire du labeur sans sentiment ? L'un ne peut exister sans l'autre ou bien, il sera vain.

- Tu m'expliques bien les choses Chrysandre, et ta sagesse m'éclaire à chaque instant.

- Je ne peux que te mener aux portes de ton propre esprit, c'est là que réside ta propre compréhension de la terre et ta vérité. Toi seul peux trouver ce que veut révéler ton cœur. Le mien ne peut partager sa lumière puisqu'elle lui est personnelle et peut paraître erronée selon la perception ou les conceptions d'un autre homme.

- C'est vrai, nous avons toujours besoin de mettre des mots sur les sensations, expliquer nos pensées, découvrir les secrets de nos rêves et interpréter avec la raison ce que dicte notre cœur.

- Oui, mais le moi est plus vaste que l'empire des dieux, plus profond que la mer où règne Poséidon et bien plus infinie que le ciel que gouverne Zeus. Il est impossible de percer ses mystères. Tu peux dire « je viens de trouver un principe de vérité », mais tu ne pourras jamais prétendre avoir trouvé la Vérité. Pour connaître les étoiles, certains utilisent le calcul et d'autres leur regard. Tu peux apercevoir le cœur sur ta route, mais jamais tu ne pourras dire qu'enfin tu marches sur la route du cœur, car le cœur résonne sur toutes les routes du monde.

- Même dans nos souffrances, n'est-ce pas Chrysandre ?

- Oui, la connaissance est de savoir interpréter la douleur, de comprendre que la peine provient du bec de la compréhension qui veut briser la coquille où, comme un oisillon, elle est prisonnière. Comme lui, elle a besoin d'être libérée et de grandir à la lumière.

- Tu veux dire aussi que notre âme a autant besoin de l'hiver que de l'été ?

- Bien-sûr, il faut être tombé pour se relever, on ne peut aller vers le haut que si on est en bas et comme je te l'ai dit déjà, le meilleur médecin est en toi. C'est lui qui te fait souffrir pour mieux guérir ton esprit malade, sa main est guidée par la sagesse des dieux qui veulent te faire grandir.

- On doit donc vivre chaque jour profondément, réfléchir à tout ce que la vie nous enseigne et reconnaître que chaque joie et chaque peine, puisqu'elles nous rapprochent de la compréhension, sont bonheur ?

- Certes et considérer qu'elles sont peut-être les dernières afin de les vivre de manière absolue.

- Alors je vais vivre comme si les Moires avaient écrit ma fin pour demain. Ainsi, je discernerai ma chance d'être vivant.

- C'est une bonne idée, Astréos, mais tu dois aussi apprendre comme si les Moires avaient décidé de te donner l'immortalité.

L'enfant fit quelques pas, jeta d'autres pierres en contrebas et regarda le vieillard.

- Chrysandre, crois-tu que la mort soit aussi un enseignement ?

- Qui suis-je pour te le dire, n'essaie pas de tout savoir si tu ne veux pas devenir ignorant. Ce n'est pas en lisant ou en entendant le nom d'une mer que tu apprends à la connaître. La vallée et la montagne ne sont qu'une, comme la vie et la mort. Le jour n'existe que par la nuit et ne t'apporte sa flamme que parce que le froid de l'obscurité existe. Notre connaissance de l'au-delà s'aveugle dans la peur de mourir. La neige ne craint pas de fondre au soleil ni l'eau de sécher et de pénétrer dans le sol. Il n'y a qu'au sommet de la montagne de la connaissance que l'on peut commencer à gravir le chemin de l'éternité, car connaître, ce n'est ni expliquer, ni affirmer ou prouver, c'est parvenir à la clairvoyance. La bêtise bavarde, l'intelligence écoute et la sagesse cherche.

XIX

LA VIE

- Les bêtes ont trop chaud, Astréos, le temps est venu de nous déplacer vers les hauteurs et d'atteindre une nouvelle grotte. Tu dois t'y préparer, petit, car la montée sera longue !

Plein d'allégresse, l'enfant enfila ses sandales de peau, ramassa la syrinx et sans perdre un instant, il courut rejoindre le berger qui avait déjà bourré sa besace d'olives, d'oignons et d'un vase d'eau pure.

- En route, Chrysandre, je vais réunir le troupeau !

Tandis que le lourd soleil du printemps jetait sa gaieté sur les clochettes des hellébores aux racines pourpres des plaines de l'adret, les deux amis dirigeaient les chèvres vers la fraîcheur des crêtes. Astréos marchait devant, un bâton à la main. Maintenue à son cou par un fin cordon de cuir, la flûte pendait sur son cœur.

- Chrysandre, penses-tu que nous allons croiser les dieux tout là-haut ? s'écria soudain l'enfant.

Le visage du vieux berger esquissa un tendre sourire, empreint du sentiment profond qu'il portait à son jeune ami.

- Ta route les croisera sûrement si tu sais les entendre, mais le trône de l'Olympe est encore loin, répondit-il alors en repoussant une chèvre qui s'aventurait vers l'aval.

Au-dessus du troupeau tournoyait un percnoptère, à l'affût d'une proie. Il se posa non loin.

- Regarde Chrysandre, fit Astréos qui voyait l'oiseau pour la première fois, d'où vient-il ?

- Je ne sais d'où il arrive car il quitte nos montagnes l'hiver, à l'évidence il aura aperçu un lièvre ou un petit rongeur !

Le jeune vautour ne semblait pas prêter attention à la présence des deux amis qui le scrutaient. Il balança plusieurs fois sa tête jaune sur un cou dénudé, déploya ses larges ailes au plumage blanchâtre bordé de noir et s'envola.

- Il est venu nous saluer, décida Astréos.

Suffoquant sous la chaleur déjà écrasante du printemps, ils reprirent péniblement leur difficile ascension.

- Chrysandre, s'esclaffa l'enfant en se retournant vers le vieillard, serais-tu capable de me jouer quelques notes de flûte pour adoucir l'effort ?

Lentement, Chrysandre hocha la tête :

- Je porte la rudesse du temps sur mon dos fatigué, Astréos et la vigueur ai perdue pour jouer en marchant. Ce soir, quand nous aurons rejoint le lieu de notre doux repos, je te ferai entendre les pleurs de la syrinx.

Astréos l'attrapa par la main :

- Faisons une escale mon ami, je suis éreinté moi aussi, je voudrais boire pour pouvoir te parler.

Sous la branche d'un mélèze envahi par les aubépines, ils s'arrêtèrent afin de goûter les quelques raisins séchés que le prévoyant Chrysandre avait soigneusement préservés. Le sérieux de l'enfant amusa le berger, mais il ne le montra pas. Au contraire, il le considéra un instant et déboucha la petite outre :

- Un soir, tu as quitté la grotte, petit homme et ne m'es revenu qu'au crépuscule. Tu as trouvé, je crois, la réponse à ta longue recherche, mais ne me l'as dite. Es-tu prêt maintenant à le faire ?

- C'est vrai, Chrysandre, souffla l'enfant, maintenant, je pense que le temps est venu de parler. Tu te souviens donc, que je suis allé écouter le ruisseau parce que j'étais fâché avec les hommes. Il m'a dit alors que son eau abreuve toujours avec le même entrain le plus grand des sapins et la plus humble pâquerette de la terre, car nous sommes tous les enfants de la vie. Il m'a révélé aussi le plus doux des secrets : Si nous, libellules des champs, esclaves, bergers ou paysans, grands rois, loups ou bien tyrans, croyons être seulement les enfants de nos parents, le fruit de deux mortels qui, avec passion nous offrent amour ou haine, richesse ou bien misère, alors nous nous trompons.

Chrysandre frémit d'étonnement :

- Pourquoi, Astréos ?

- Parce que les parents engendrent un être mais jamais sa pensée. Ils sont la gorge de l'oiseau dont jaillit la note de musique, l'arc d'Apollon qui projette la flèche, cet instrument divin par lequel naît l'enfant, mais ils ne parviennent jamais à posséder son esprit. Celui-ci demeure intangible, inaccessible en vérité, personnel et unique. Comprends-tu Chrysandre ? Nul n'est le fils de la pensée d'un autre. L'esprit, libre comme le navire qui a rompu ses amarres et poussé par le vent avance dans l'infini de la vie, est comme ce papillon bleu que tu vois ici et qui s'envole pour embrasser l'immensité du ciel. Regarde bien, vois-tu qu'il ne peut s'attarder sur ce qui l'emprisonne ? Nous, tout comme lui, ne sommes pas que les enfants du sang ou de la chair, mais ces mots que l'esprit de la terre grave inlassablement dans le livre du temps.

Il enchaîna :

- Allez, lève-toi maintenant, il nous faut repartir si nous voulons atteindre notre nouveau refuge avant la nuit !

Les chèvres, tentées par des buissons de bruyère ou par quelques épines encore tendres, se dispersaient sur la pente.

- Il nous faut les rassembler, s'écria le vieil homme stupéfait des paroles de l'enfant, nous allons les perdre !

- Je m'en charge, cria à son tour le jeune garçon, poursuis ton chemin Chrysandre, je te rejoindrai !

Armé de son bâton, il dévala en courant pour regrouper les bêtes quand son regard se détourna. En contrebas, il avait repéré une chèvre et son petit qui observaient la vallée du haut d'un promontoire. Il hurla :

- Regarde, Chrysandre, ils se sont égarés, je vais tenter de les approcher par là-bas pour les apprivoiser !

Avec stratégie, il contourna par l'amont la roche gigantesque pour les attraper par surprise. Quand il en fut à proximité, il cria tout à coup :

- Chrysandre ! J'ai retrouvé Zoé, celle à qui j'ai donné le nom « Vie », je la reconnais, je suis sûr que c'est elle !

- C'est impossible, petit, s'égosilla-t-il, elle n'aurait jamais pu arriver jusqu'à nous, reviens par ici !

Mais Astréos ne l'écouta pas et envahi par la joie, il précipita sa descente pour retrouver au plus vite son guide des montagnes. Quand il y parvint enfin, une pierre roula sous l'un de ses pieds et l'entraîna par-delà le ravin, dans une chute sans fin.

De son surplomb, Chrysandre interdit, avait assisté au terrible spectacle. Il pressa le pas pour relever l'enfant. Astréos était couché sur le ventre, une main sous la tête.

Délicatement, le berger l'allongea sur le dos et découvrit alors sur son front, comme calqué sur la précédente cicatrice, un orifice béant de sang.

- Astréos mon fils, m'entends-tu encore, murmura-t-il en étouffant un sanglot, Astréos ?

- Oui, gémit l'enfant, je t'entends, mais tout mon corps s'est rompu !

- En rattrapant ta chèvre, tu as brisé ton front et je n'ai pas réagi. Serais-je donc le même que ton vieux père Héliodore qui, à ton départ, n'a pu te retenir ? Réponds-moi, petit, et si tu le peux, dis-moi si tu ressens la douleur de cette irrémédiable chute ! En as-tu encore la force ?

- J'ai mal Chrysandre, j'ai mal alors que je croyais connaître la souffrance, soupira encore Astréos. La peine qui broie mes os et déchire mon âme, ma mère ne me l'a-t-elle point apprise ?

- Puisses-tu être réconcilié à jamais avec elle, pleura doucement Chrysandre, n'est-ce pas vers la mère et son petit que tu as tant couru ?

- Peut-être, Chrysandre, fit l'enfant en tournant péniblement la tête vers son ami, Mère !

Astréos avait fermé les yeux, son souffle s'étiolait, emportant avec lui les larmes de l'enfance. Il vit le visage de son père Héliodore mais il s'estompa aussitôt, effacé par celui du pauvre Alkinoos à la barque sans âge. Il vit son propre cadavre aspiré par le gouffre et les yeux exorbités du poulpe qui, désespérément, attend sa grâce. Il entendit le rire de ses sœurs et distingua le ruisseau qui vivifiait sa terre. Tout disparaissait et tout réapparaissait aussitôt, se figeait pour mieux s'évanouir dans une tourmente infinie de douleurs et de joies. Il vit l'enfant qui déteste sa mère et les flots de l'Egée qui, déchaînés par les vents, balayent la grève. Il vit celui qui tue, il vit celui qui meurt, il vit celui qui donne et celui qui reçoit, il vit le chant de l'aurore et la froidure du soir, il vit les dieux se battre et les mêmes festoyer, il vit un sourire de larmes, un espoir retrouvé, une fleur épanouie, une étoile brisée. Il vit son corps disloqué comme la trière échouée dans sa gloire oubliée et la vanité des damnés, il vit l'ignominie et il vit la bonté, il vit l'atrocité et puis il vit la foi.

Astréos savait qu'il voyait tout ce qu'il n'avait osé regarder dans son ruisseau, l'image qu'il désirait donner à sa pierre et que Chrysandre avait appelé Dieu. Ce visage était le sien, cette pierre était lui-même et il avait préféré la jeter au loin. En l'espace d'un éclair, l'enfant avait vu Astréos.

Il respirait avec difficulté. A nouveau, il tendit le bras vers Chrysandre et balbutia :

- Il me fallait disparaître pour pouvoir exister, car je sais que l'on est homme le temps d'une étincelle. J'eus le devoir d'être et je meurs, il est vrai, mais je découvre l'amour. Désormais je comprends mon histoire : j'ai erré tout ce temps pour savoir que je ne suis rien. Ce petit rien est aussi ce grand Tout, celui que l'on nomme Univers, celui qui s'appelle Amour, celui qui est Moi comme celui qui est Toi, ou encore celui à qui l'on donne le nom sublime d'un dieu ou d'une mère.

Etouffé par le chagrin, le vieux sage s'allongea près de lui et délicatement, lui appliqua une plante sur le front.

Malgré la douleur, l'enfant rouvrit brièvement les yeux et regarda Chrysandre. Dans son regard, brillèrent l'espace d'un instant les feux splendides des astres protecteurs qui l'avaient suivi tout au long de sa route et conduit au berger. Il posa une main sur son cœur et soupira :

- Mon vénérable ami, il nous faut nous séparer maintenant. Libre, je t'aimerai tout autant que j'ai aimé la vie, mais désormais, je dois vous quitter tous les deux. Ce terrible besoin de posséder des êtres ou des biens n'entrave plus mon esprit. Mon corps ne fut qu'une lyre dans les doigts de mon âme et du plus discordant des accords, la vie a composé en moi la mélodie des étoiles. Je pars, car j'ai enfin pardonné à ceux qui m'ont blessé et qui m'ont appris que seul un dieu a le droit de condamner les hommes.

- Ne parle pas, interrompit le vieillard avec désespoir, repose-toi, la douleur va passer.

L'enfant inspira profondément :

- Je suis gai à présent et je peux m'envoler. La liberté, celle que je recherche depuis mon départ et qui est le prétexte de mon errance, m'apprend que je dois aimer ce grand Tout qu'est la vie sans jamais rien vouloir posséder. Alors Chrysandre, je m'éclipse pour un autre voyage et toi, sois heureux. Pense à ton jeune ami chaque fois que tu iras au sanctuaire et que le tonnerre grondera et souviens-toi à chaque instant de ta vie que là où s'achève la logique des hommes s'ébauche le sourire des dieux. J'eus un père admirable, tu fus un maître incomparable, mais j'ai enfin compris que la clef de ma recherche était de trouver le seul qui pouvait aimer celui que je suis et me protéger par la puissance de sa foudre. Je t'aime Chrysandre, mais je veux trouver la réponse à ma quête : Zeus existe-t-il, est-il là devant moi ou inventons-nous les dieux parce que nous craignons d'être de fragiles créatures ? Je vais l'apprendre enfin, maintenant que je pars, puisque la réponse ne se trouve pas dans la bouche des hommes. Je m'endors ici, mais encore petit, c'est dans le refuge de l'étreinte des dieux que je voudrais dormir pour toujours. Je suis venu sur la terre, j'ai vécu et je meurs pour renaître réellement. Si la véritable sagesse existe, il me faut, pour la découvrir, approcher la pensée divine mais si les dieux ne sont que le reflet de notre peur de l'inconnu, alors je deviendrai un humble grain de sable dans les fondations de l'univers. Adieu mon ami, souviens-toi que la connaissance n'est autre que le doute anéanti et la vie la mort vaincue.

Par une brève détente, son bras frappa la roche et s'immobilisa, tandis que le lourd bracelet de bronze qu'il portait à son poignet tintait par-delà le crépuscule.

Chrysandre ne contenait plus ses larmes. Qui donc l'avait aimé et qui enfin, avait su le lui dire avant ce jeune vagabond ?

Il attrapa Astréos par la taille et le souleva vers le ciel. Pour la première fois, il déposa un baiser sur la chevelure bouclée de l'enfant inerte. Il essuya ses pleurs du revers de sa tunique et chuchota :

- Si les dieux existent, qu'ils préservent enfin ton âme, Astréos, puisque tu as souhaité rejoindre à jamais la terre et le ciel, la Mère et le Père véritables !

Lentement, le troupeau s'ébranlait vers les cimes, désormais guidé par la mère et son chevreau. Pour la dernière fois, Chrysandre se retourna vers son ami et tout doucement, il ramassa la flûte en murmurant :

- Tu seras le souffle immortel de l'Olympe, Astréos, la trame de ta vie achève la mienne : j'ai fait de toi un pâtre et tu as fait de moi un père, n'est-ce pas un seul et même songe ?

Le son amer de la syrinx brisée s'éleva vers le ciel, comme une ultime supplique à l'esprit de la Montagne.

TABLE DES MATIÈRES